EL PLAN FÉNIX

Otros libros de Brian Tracy

¡Manos a la obra!

Si lo crees, lo creas

Conecta con la motivación

Conecta con los demás

Conecta con el dinero

Multiplica tu dinero

BRIAN TRACY

EL PLAN FÉNIX

Resurge de las cenizas con las 12 cualidades
de las personas exitosas

AGUILAR

Penguin
Random House
Grupo Editorial

El plan fénix
Resurge de las cenizas con las 12 cualidades de las personas exitosas

Título original: *The Phoenix Transformation. 12 Qualities
of High Achievers to Reboot Your Career and Life*

Primera edición: abril, 2023

D. R. © 2021, Brian Tracy

© 2023, derechos de edición mundiales en lengua castellana:
Penguin Random House Grupo Editorial, S. A. de C. V.
Blvd. Miguel de Cervantes Saavedra núm. 301, 1er piso,
colonia Granada, alcaldía Miguel Hidalgo, C. P. 11520,
Ciudad de México
© 2023, Penguin Random House Grupo Editorial USA, LLC
8950 SW 74th Court, Suite 2010
Miami, FL 33156
penguinlibros.com

© 2023, Renata Ramos, por la traducción

ISBN: 978-1-64473-832-0

Impreso en Colombia – *Printed in Colombia*

23 24 25 26   10 9 8 7 6 5 4 3 2 1

Índice

Prefacio

El mito del fénix es bien conocido: una radiante y deslumbrante ave de color rojo purpúreo que vive varios cientos de años antes de morir, encenderse y estallar en llamas para luego revivir de entre las cenizas e iniciar una nueva vida.

No obstante, Ovidio, el gran poeta romano, nos cuenta una historia un poco distinta en sus *Metamorfosis*:

> *Existe un ave primordial a la que los asirios llaman fénix,*
> *se renueva a sí misma y se reproduce sola.*
> *No mora ni en los frutos ni en la hierba,*
> *sino en las gotas de incienso y la savia del cardamomo.*
> *Una vez que ha vivido los quinientos años que dura su vida,*
> *sobre las ramas superiores de la palma oscilante,*
> *con su pico y garras se construye un nido*
> *que forra con casia y delicados tallos de nardo*
> *trenzados con hojuelas de canela y mirra ambarina.*

De ahí, del cadáver de su padre, se dice que nace una cría de fénix
destinada a vivir la misma cantidad de años.
Y cuando la edad le otorga al avecilla la fuerza necesaria
para soportar su propio peso,
a las ramas del árbol prominente libera de esa carga,
soporta con aire reverente su propia cuna,
que de su padre fue la tumba,
y a través de la luz planea hasta llegar a la ciudad de Hiperión
para ofrecer su nido frente a las puertas sagradas del altar.

OVIDIO, *Las metamorfosis*, 15:392-407

El fénix también forma parte de la historia. Tácito, uno de los más importantes historiadores romanos, afirma que fue visto en Egipto en 34 d.C., en tanto que otras fuentes antiguas hacen referencia al año 36. Debido al largo periodo de vida de esta ave, se creía que su aparición era símbolo del inicio de una nueva era.

Naturalmente, la gente siempre piensa que la suya es *esa* nueva era y, vaya, en efecto, todas lo son en el sentido de que cada una implica situaciones, dificultades y oportunidades inusitadas. La nuestra no es la excepción.

Un proverbio árabe que suele citarse con frecuencia reza: "Los hombres se parecen a sus tiempos más que a sus padres". Esto significa que, para sobrevivir y tener expectativas, todos estamos obligados a entender la época en que nos toca vivir y adaptarnos a ella. Al igual que el fénix, tal vez necesitemos reconstituirnos para una nueva era.

En 1983 produje un programa de audio llamado *La psicología del logro* (*The Psychology of Achievement*), el cual ha escuchado más de un millón de personas y llegó a ser uno de los programas de éxito personal y desempeño más populares de todos los tiempos. Lo han traducido a más de 20 idiomas y le ha cambiado la vida a un sinfín de gente.

La psicología del logro se enfocaba en lo que llamo "el juego interno del éxito", es decir, cómo organizar tus pensamientos, actitudes y tu personalidad; cómo establecer metas; llevarte con los demás; entenderte a ti mismo o a ti misma, y cómo eliminar tus frenos personales para lograr metas extraordinarias.

Las cosas han cambiado de manera dramática desde 1983. Se inventó internet, sufrimos el colapso de la burbuja *dot-com*, y atravesamos distintos cambios políticos y periodos presidenciales. En 1983 China era un páramo estéril y ahora es una de las economías más prósperas del mundo.

Hoy en día uno escucha con frecuencia hablar de la necesidad de "reinventarse", pero eso es algo que tiene que ver con la imagen, es decir, con la necesidad real o imaginaria de hacerte lucir más en onda, más a la moda o más sofisticado en el uso de las tecnologías y los dispositivos tecnológicos recientes.

En efecto, necesitas reinventarte, pero cambiar tu imagen es solo una parte mínima de la tarea y no es, en absoluto, la más relevante. ¿Quieres resultados mejores y distintos a los que has tenido hasta ahora? Debo decirte que eso exige más que comprarse un par de costosos lentes de diseñador. Al igual que el fénix, tienes que renovarte, restaurarte por completo y salir del "nido" de tu antiguo yo.

En este libro te mostraré cómo hacerlo. Actualicé mi programa *La psicología del logro*, añadí investigaciones de avanzada, así como conceptos innovadores relevantes en el nuevo mundo hiperconectado en el que ahora vivimos y trabajamos. *El plan fénix* contiene una serie de ideas enérgicas que he desarrollado para ayudarte a competir en las nuevas sociedades, ideas que podrás usar para lograr más en las semanas, meses y años que tengas por delante, más de lo que has imaginado toda tu vida.

Estableceré 12 pasos para un desempeño extraordinario, uno por capítulo. ¿Encontrarás algún secreto en este libro? No, todos son principios bien conocidos. Sin embargo, como muy poca gente los usa, podría parecerte que sí son secretos. De hecho, poquísimas personas los aplican, pero quienes lo hacen tienen algo en común: son exitosas en todos los ámbitos.

DOCE CUALIDADES DE LAS PERSONAS DE ALTO DESEMPEÑO

1. Entienden y usan el poder de su mente.
2. Se enfocan en lo que quieren para desbloquear su potencial por completo.
3. Usan el optimismo para motivarse y tener un desempeño óptimo.
4. Saben cómo agradarles a otros y hacerse respetar.
5. Establecen metas y perseveran hasta alcanzarlas.
6. Organizan su tiempo para ser lo más eficientes posible.
7. Saben cómo generar riqueza para sí mismas.
8. Están en camino hacia la independencia financiera.
9. Conocen las claves del emprendimiento y las aplican.
10. Dominan el arte de la disciplina.
11. Tienen habilidades extraordinarias para resolver problemas.
12. Se enfocan en lo que les produce gozo y así simplifican su vida.

Capítulo 1

Cambia tu forma de pensar, cambia tu vida

El primer paso consiste en conseguir acceso a la fuente de poder más extraordinaria que tú o cualquiera podría poseer: la mente.

Yo tuve un comienzo humilde en esta vida, no me gradué de la preparatoria, abandoné los estudios cuando estaba en decimosegundo grado, y los únicos empleos que podía conseguir eran temporales. El primero fue lavando trastes en la cocina de un pequeño hotel, y cuando lo perdí, conseguí uno en un lavado de automóviles. Luego perdí ese empleo y conseguí uno como parte de un servicio de intendencia: trapeaba pisos. En ese entonces pensaba que trapearía toda mi vida, pero como podrás ver, fue solo un descenso pasajero.

La "juventud" es un eufemismo de la reubicación profesional no voluntaria, es decir, es cuando tienes la oportunidad de explorar nuevos oficios de manera inesperada. Hoy en día las empresas tienen programas de indemnización por despido que les dan a los empleados un periodo breve, hasta el final de la semana o del mes, por ejemplo. En aquel tiempo el programa de despido te daba hasta que terminara la hora y te despedían a las 11:55 a.m. o a las 4:55 p.m. Venía el gerente y te miraba consternado: "Aquí tienes tu paga, ya no requerimos de tus servicios, ahí está la puerta".

Yo iba de un lugar a otro buscando trabajo.

—Estoy buscando un empleo —decía.

—No necesitamos a *nadie* en este momento.

—Creo ser la persona idónea para este trabajo porque soy un don *nadie*, y tal vez en este momento no me necesite, pero un poco más tarde lo hará —contestaba.

Pero claro, mis bromas no ayudaban mucho a mi avance profesional. Trabajé como empleado temporal en la construcción, cargando piedras de un lado a otro. Trabajé en aserraderos apilando leños y lijando placas de madera. Un verano trabajé cavando pozos. Trabajé podando arbustos con una motosierra. Trabajé en una fábrica colocando tuercas y tornillos. También en un barco en el Atlántico Norte. Trabajé en granjas y ranchos. En algún momento incluso viví en mi automóvil.

Cuando tenía 23 años era un jornalero itinerante, iba de granja en granja durante los tiempos de cosecha, dormía en los graneros. Nos despertábamos a las cinco de la mañana, cuando aún parecía de noche, y desayunaba con la familia del granjero que me había recibido. Teníamos que estar en los sembradíos en cuanto saliera el sol para poder recoger la cosecha antes de la primera helada. Era un joven sin educación ni habilidades, por lo que, al final de la cosecha, me volvía a quedar sin empleo.

LA LEY DE CAUSA Y EFECTO

Cuando ya no pude conseguir trabajo como jornalero, tomé uno de vendedor. Me dieron un curso de entrenamiento en tres partes: "Aquí tienes tus tarjetas. Estos son tus folletos. Ahí está la puerta", dijeron. Entonces salí a tocar puertas, hacer llamadas telefónicas y realizar actividades con las que no lograba nada y, claro, me sentí frustrado mucho tiempo.

Seis meses después noté que un empleado de nuestra empresa vendía 10 veces más que cualquier otro, así que fui a su oficina: "¿Qué haces tú que no esté haciendo yo?", le pregunté. Me dio la respuesta, seguí sus consejos y mi vida cambió.

A partir de ese día empecé a preguntarme por qué algunas personas serían más exitosas que otras. ¿Por qué tendrían una vida mejor, vivirían en casas hermosas, comerían en restaurantes caros y tendrían vacaciones maravillosas? No obstante, la mayoría de la gente, 80%, de acuerdo con lo que ella misma dice, lleva una vida de "desesperación silenciosa" porque siente que podría irle mucho mejor, pero no sabe qué hacer para lograrlo.

Con el tiempo encontré la respuesta y apliqué las reglas clave en mi vida.

Descubrí la ley de causa y efecto que, en el ámbito de las ventas, es muy sencilla: si haces lo que los vendedores exitosos, obtendrás los mismos resultados.

Aristóteles habló de esta regla alrededor de 350 a.C, cuando todos creían en los dioses, la suerte y la fortuna. Aristóteles dijo: "No, no, hay una razón para todo. Todo sucede por algo, sepamos o no la razón. A nuestro universo lo rige una ley".

Cuando empecé a estudiar este principio descubrí algo incluso más profundo: los pensamientos son causas y las condiciones son efectos. Es decir, tus pensamientos crean las condiciones de tu vida.

Este es el principio básico que todos los grandes hombres y mujeres descubren con el tiempo: *si cambias tu manera de pensar, cambiarás tu vida*. Si modificas la causa, cambias el efecto, las cosas solo pueden suceder así. La calidad de tu pensamiento determina, más que cualquier otro factor, la calidad de tu vida. De hecho, la mayor parte del tiempo te conviertes en aquello en lo que piensas, así que, si varías tu manera de pensar, verás cambios en tu vida.

La Universidad de Pensilvania realizó un estudio que duró 22 años. En él participaron 350 mil hombres y mujeres de negocios, vendedores, empresarios y profesionistas. Les preguntaron: "¿En qué piensa la mayor parte del tiempo?", y las personas en el 10% superior en términos de ingresos y crecimiento dijeron que pensaban en lo que querían y en la manera de obtenerlo. Es decir, pensaban adónde se dirigían y cómo llegar.

¿Sabes en qué piensan la mayoría del tiempo quienes no tienen éxito? En lo que *no quieren*, en las cosas que les inquietan, en los sucesos del pasado que todavía los hacen sentirse molestos y enojados. Piensan en especial a quién culpar de su situación.

La gente en la cima piensa en lo que quiere y en cómo obtenerlo, la gente promedio piensa en lo que no quiere y a quién culpar.

Esta reflexión te permite cambiar el enfoque de tu reflector, iluminar un lugar nuevo. Cuando modificas tu reflector mental e iluminas lo que deseas y la manera de conseguirlo, tu vida empieza a mejorar. Comienzas a escrutar tu pensamiento y a aceptar el hecho de que eres una persona notable, que posees gran potencial y habilidades increíbles, que eres capaz de lograr cualquier cosa que quieras en la vida.

En mis viajes suelo conocer a personas muy exitosas a las que me gusta preguntarles: "¿Cómo fue tu infancia?". En general me hablan de su madre o su padre, o de ambos, y me cuentan que siempre les dijeron: "Hijo, hija, tú puedes lograr cualquier cosa que te propongas".

Esta frase continuó vibrando en esas jóvenes mentes y, cuando crecieron, se convirtió en un mantra: "Puedo lograr cualquier cosa que me proponga".

Es lo mismo que tú debes repetirte: "Puedo hacer cualquier cosa que me proponga, cualquier cosa en la que fije mi mente. Mi potencial es ilimitado".

Ahora bien, lo que define aquello en lo que piensas la mayor parte del tiempo es tu *concepto de ti mismo*. El descubrimiento del *autoconcepto* fue un gran logro del siglo xx. Tu autoconcepto es la serie de creencias que tienes sobre ti mismo, tus habilidades y tu mundo, es lo que define cómo ves el universo que te rodea. En pocas palabras, no vemos el mundo de la manera que es, sino de la manera que somos: vemos el mundo a través de nuestro autoconcepto.

EL AUTOCONCEPTO

Tu autoconcepto se divide en tres partes. La primera es el *ideal de uno mismo*: la combinación de valores, ideales, cualidades, virtudes y metas a los que aspiras. Lo que deseas ser, tener o lograr en el curso de tu vida. Dicho de otra forma, es cómo te imaginas como una persona perfecta: la mejor versión de ti mismo con las mejores cualidades, viviendo la vida y haciendo y teniendo las cosas que más valoras. Es el ideal de ti mismo. Entre más claridad tengas respecto a tus ideas, más sencillo te será tomar las mejores decisiones a corto plazo para llegar a ser el tipo de persona que quieres ser a largo plazo.

La gente superior, o sea, los hombres y las mujeres a los que admiramos y como quienes deseamos ser, tiene una idea muy clara de sus ideales. La gente mediocre e infeliz lo ve todo borroso. La gente superior no pone en entredicho sus valores ni sus ideales por ninguna razón, la gente promedio transige en cuanto detecta la menor ventaja para obtener una ganancia a corto plazo. Por todo esto, el punto de inicio para alcanzar el éxito y darle forma a tu autoconcepto para que sea congruente con tu mejor versión posible consiste en desarrollar claridad respecto a quién eres, en qué crees, qué te importa en verdad y qué representas.

La segunda parte de tu autoconcepto es tu *autoimagen*. Es la manera en que te ves a ti mismo, en que piensas sobre ti en el presente. Tu autoimagen determina en gran medida tu desempeño y eficacia en una actividad o tarea específica. Cuando modificas la manera en que te ves, también modificas el desempeño y la eficacia. La persona que ves es la persona que serás.

A veces los psicólogos le llaman a la autoimagen *espejo interior*. Es uno en el que miras antes de involucrarte en una situación social para ver qué comportamiento se espera de tu parte. Cuando tienes una idea clara de ti mismo desempeñándote de la mejor manera, entras al lugar, estás relajado, sonríes y muestras confianza. ¡Sorpresa, sorpresa! Tu imagen interior se convierte en tu realidad exterior.

Ahora te hablaré de un interesante hallazgo respecto al desarrollo de la autoimagen: antes de participar en una situación, todos nos creamos una imagen en nuestra mente. La gente exitosa reproduce la imagen de un éxito previo; la gente mediocre reproduce la imagen de un fracaso previo. Tu inconsciente no sabe si estás teniendo una experiencia real o si solo se trata de un ejercicio imaginario. Si tienes una experiencia positiva en algún ámbito y la reproduces en tu mente una y otra vez como si fuera una película, cada vez que la vea tu inconsciente la registrará como una nueva experiencia de éxito. Con el tiempo, cuando participes en una situación, tu inconsciente dirá: "Vaya, reconozco este lugar, ya has estado aquí. Aquí tienes éxito, lo he visto cincuenta veces". Y entonces, entras al lugar con una imponente actitud de confianza, elegancia y sosiego.

Uno siempre puede elegir los pensamientos y las imágenes que reproduce en su mente. Antes de cualquier evento, elige pensar en tus mejores experiencias.

La tercera parte de tu autoconcepto es la *autoestima*. Es el centro. A tu autoestima la define cuánto te agrades a ti mismo. Es el poder de tu personalidad, la fuente de tu energía, entusiasmo, actitud y felicidad.

Cada vez que te comportas de una manera más cercana al ideal que tienes de ti mismo, tu autoestima aumenta. En otras palabras, cuando te comportas como la mejor versión de ti, te agradas más. Cuando te agradas más, tu autoestima crece, tu personalidad mejora, te sientes más contento, tienes más entusiasmo y las otras personas te simpatizan más.

Cuando te fijas objetivos más claros y empiezas a trabajar todos los días para cumplirlos, te agradas y te respetas más. Tu noción de mérito y de valor económico personal aumenta, los sentimientos de respeto por ti mismo y tu orgullo mejoran. El mero acto de fijarte metas hace que te agrades más y que te veas bajo un aura más positiva.

Todo se resume en tener una mejor opinión de ti mismo, de sentirte más cómodo y tener mejor desempeño en todas las áreas de tu vida. Tus premisas determinan el curso de tu vida. Cada persona tiene ideas específicas sobre sí misma, y estas definen la manera en que la gente se ve, así como su relación con el mundo.

MODIFICA TU *ESTILO DE EXPLICACIÓN*

Por desgracia, la premisa más común y, quizá la peor, es: "No soy suficientemente bueno". Esto es producto de sentimientos de incompetencia que se producen cuando nos comparamos con otros de manera desfavorable. Sentir, en el fondo, que no somos aptos, es lo que provoca nuestros problemas e infelicidad.

El psicoanalista Alfred Adler llegó a la conclusión de que todos tenemos sentimientos de inferioridad. No hablo de un complejo de inferioridad, ya que los complejos son impenetrables e inamovibles, como tinta en una hoja de papel blanca. El sentimiento de inferioridad, en cambio, es algo que puede modificarse y reemplazarse.

La gente se siente inferior a otros de alguna manera, pero el problema es que con frecuencia esto afecta su desempeño en varios sentidos, incluso si sus sentimientos no se basan en hechos.

La clave para cambiar tu vida y mejorar tu mundo exterior radica en que reprogrames tu subconsciente y modifiques tu mundo interior.

Las emociones negativas son el mayor obstáculo para tener un desempeño óptimo, felicidad, salud y todo lo que deseas lograr, ya que lo que las sustenta son el miedo y la duda. Las críticas destructivas de uno o ambos padres en la infancia son lo que suele desencadenar estas emociones. De hecho, casi siempre es posible constatar que la disfuncionalidad de un adulto es producto de una infancia disfuncional, de un momento en que los padres criticaron al niño y lo castigaron de forma física o emocional.

Los dos patrones de hábitos negativos que le impiden a la gente avanzar son el miedo al fracaso y al rechazo o la crítica. Poner pretextos y culpar a otros es la raíz de la mayor parte de las emociones negativas. Para evitar esto, hay que provocarles un corto circuito a estas emociones y asumir el control de nuestra autoestima, lo cual se logra aceptando, de forma absoluta, la responsabilidad de quiénes somos y de todo lo que ignoramos.

El primer paso para transformar el pensamiento consiste en cambiar nuestro estilo de explicación, es decir, la manera en que interpretamos nuestra experiencia y nos la explicamos a nosotros mismos. Por ejemplo, dos personas podrían ir a la oficina en automóvil, y ambas podrían quedarse atoradas en un embotellamiento. Una de ellas podría enojarse, sentirse frustrada y empezar a golpear el volante. La otra podría decir: "Esta es una oportunidad para reflexionar, escuchar un programa educativo en audio y ponerme al día". Dos personas, misma situación, pero dos estilos de explicación distintos. Cuando te empiezas a explicar las cosas de manera positiva, también te sientes positivo respecto a ellas.

Nunca es tarde para tener una infancia feliz. Con esto quiero decir que la negatividad que la mayoría de las personas expresa al referirse a su infancia se queda estancada en la manera en que la interpretan. Imagina que tu infancia tuvo como objetivo enseñarte lecciones invaluables que necesitabas recibir para poder ser exitoso y feliz, y tener una familia maravillosa cuando crecieras. En ese caso podrías volver la vista atrás y decir: "Vaya, tuve suerte de que se presentaran todos esos sucesos negativos porque me ayudaron a reflexionar y a ser una mejor persona con mi familia y en mi vida adulta en general". Puedes reinterpretar tu infancia y transformarla en una etapa gozosa, basta con que decidas la manera en que pensarás en ella. Siempre tienes la libertad de elegir.

RETROALIMENTACIÓN, NO FRACASO

En la vida no existe el fracaso, solo la retroalimentación. Recuerda que todo te sucede por una razón. Si se presenta un obstáculo, considéralo retroalimentación, es decir, la vida trata de darte información que te ayudará a corregir por ti mismo, aprender lecciones y avanzar de una manera más rápida y exitosa la próxima ocasión. Si empiezas a ver todas tus experiencias negativas como una especie de retroalimentación que te ayudará a ser mejor en el futuro, te volverás una persona más positiva y eficiente.

Cambiar tu mentalidad y tu vida será el punto de inicio de grandes sueños.

Permíteme hacerte unas preguntas: *Si supieras que no hay manera de fallar, ¿qué gran objetivo te atreverías a soñar?* Si tuvieras una varita mágica y la seguridad de que puedes alcanzar cualquier meta, a corto o largo plazo, modesta o ambiciosa, ¿cuál te fijarías? La respuesta a esta pregunta suele indicarte para qué viniste a esta tierra, a menudo también te dice cuál es tu propósito definitivo.

La segunda pregunta: *Si no tuvieras ningún tipo de limitación, ¿qué objetivos te fijarías?* Esto es algo de lo que ya hablé, las premisas básicas. Algunas personas parten de la premisa de que son limitadas: no son creativas, no poseen astucia académica ni un coeficiente intelectual tan elevado como otros. Pero ¿qué pasaría si tuvieras toda la inteligencia, habilidad, ingenio, dinero, amigos y contactos del mundo, y si pudieras hacer o ser cualquier cosa? ¿Qué metas te fijarías? ¿Qué harías de manera distinta?

Esta es la tercera pregunta: *Si gozaras de independencia económica en la actualidad y pudieras hacer o tener cualquier cosa que desearas, ¿qué cambios efectuarías de inmediato?* Digamos que ganas la lotería y de repente te vuelves endiabladamente rico, ¿qué cambios inmediatos implementarías en tu vida? Empieza a pensar en ellos ahora porque son la clave para superar los obstáculos que se interponen entre tú y el éxito, y son lo que explica qué viniste a hacer a este mundo.

No importa cuáles sean tus respuestas, solo escríbelas, determina qué precio deberás pagar para lograr esta situación y ponte a abonar de inmediato. En una ocasión le preguntaron a H. L. Hunt, el famoso multimillonario del ámbito petrolero: "¿Cuál es la clave del éxito?", y contestó: "La clave del éxito es, en primer lugar, saber con exactitud qué deseas. En segundo lugar, definir cuál sería el precio para obtenerlo. Y, en tercer lugar, decidirse a pagarlo. El éxito es muy simple, llega en cuanto pagas el precio. Primero haces lo que tienes que hacer y luego ves los resultados, no al revés".

Mucha gente piensa: "En cuanto tenga lo que deseo, pagaré el precio", sin embargo, como lo expresó el pionero de la literatura motivacional Earl Nightingale, esto es como decirle a la estufa: "En cuanto me des calor, pondré leños a arder". Las cosas no funcionan así.

Y hablando de lo que cuesta, ¿sabes cómo puedes saber qué parte del precio del éxito ya pagaste? Es sencillo: solo echa un vistazo a las condiciones en que se encuentra tu vida. Debido a la ley de causa y efecto, todo lo que inviertas te será devuelto. Cualquier logro que coseches hoy es resultado de lo que sembraste en el pasado.

DECIDE SER RICO

Tú tienes control absoluto sobre lo que plantes en el presente, así que, si deseas algo distinto para el futuro, tendrás que plantar algo distinto hoy. Decide volverte rico. La gente se vuelve rica porque lo decide. Quienes nunca decidieron ser ricos viven preocupados por el dinero toda la vida.

Cada vez que hablo de la riqueza con el público de mis conferencias, la gente se ofende un poco.

—Eres pobre porque decidiste serlo. La gente rica decidió ser rica, así que, si quieres alcanzar la independencia financiera, decide que lo lograrás —les explico.

—Ya lo hice —responden muchos.

—No, no has tomado la decisión. Lo que hiciste fue desear, anhelar, orar y leer libros que decían que podrías volverte rico sin trabajar, pero nunca has tomado la tajante decisión de volverte rico o alcanzar la libertad financiera porque, una vez que uno hace eso, cambia para siempre la dirección de su vida.

La mayoría de los millonarios y los multimillonarios de la actualidad son ejemplos de riqueza de primera generación, es decir, empezaron con las manos vacías, pero se concentraron en los pensamientos correctos y actuaron de la manera adecuada, y así lograron cruzar la barrera del millón de dólares o de los mil millones de dólares dentro del periodo que ha comprendido su vida laboral.

Fíjate el objetivo de llegar a tener un valor neto de un millón de dólares en los próximos 10 o 20 años. Escríbelo, establece una línea temporal que muestre cuánto tendrías que conseguir por año para cumplir tu meta.

En cuanto hayas decidido que deseas valer un millón de dólares, realiza un análisis financiero simple de tu valor actual para que sepas con exactitud dónde vas a empezar. ¿Cuánto vales hoy en día? Luego haz una lista de 20 diferentes caminos que podrías tomar de inmediato para avanzar hacia la independencia económica. Cuando tengas la lista, elige un camino y empieza a actuar en ese instante.

Tengo un amigo inglés llamado Peter Thompson que enseña un ejercicio muy eficaz: "Imagina que llegaste a tu fecha límite y tu valor neto asciende a un millón de dólares. Toma una hoja de papel y escribe en la parte superior 'Hoy valgo un millón de dólares porque…', y escribe 20 cosas que habrías hecho para llegar a esa situación".

A esto se le llama *vuelta a partir del pensamiento futuro*. Este ejercicio te permite pensar en todo lo que habrías podido hacer para obtener un millón de dólares, es decir, te permite tener reflexiones e ideas que no se presentarían de ninguna otra manera.

Lee libros como *El millonario de al lado* y *Los secretos de la mente millonaria*. Aprende todo lo que puedas respecto a cómo piensan los millonarios, cómo deciden y actúan. Imagina que ya eres uno de ellos y compórtate de acuerdo con ese estatus.

COMPROMÉTETE CON LA EXCELENCIA

Otra de las claves para tener una vida maravillosa es *comprometerse con la excelencia*. Todas las personas que han tenido un gran éxito en la vida, tanto en el aspecto financiero como personal, se tomaron el tiempo necesario y pagaron el precio que debieron para volverse excelentes en su campo de trabajo. De acuerdo con investigaciones realizadas durante varias décadas, se requieren entre cinco y siete años para dominar tu área. No importa si eres cirujano o mecánico de vehículos con motor diésel. Ah, por cierto, necesitas la misma cantidad de tiempo para llegar a ser un vendedor excelente. Por desgracia, mucha gente tiene una actitud equivocada respecto a sus finanzas y cree que se volverá rica de inmediato. Es gente que siempre está buscando maneras rápidas y sencillas, o atajos en el proceso de adquisición de la riqueza, sin embargo, debes saber que ningún método apresurado funciona a largo plazo.

Pregúntate esto con frecuencia: si la desarrollara a un nivel de excelencia, ¿qué habilidad me ayudaría más a alcanzar mis objetivos financieros? ¿Qué habilidad me ayudaría más en mi carrera? ¿Cuál me serviría para hacer realidad mis sueños?

Sin importar cuál sea tu respuesta, fíjate la meta de volverte excelente en esa habilidad. Escríbela, haz un plan y empieza a trabajar todos los días con ese propósito hasta lograrlo.

A veces la gente se me acerca y me dice que entre cinco y siete años es demasiado tiempo para dominar una habilidad en su área de trabajo, pero te diré algo incuestionable: el tiempo pasará de todas formas. Cinco o siete años después, habrán pasado cinco o siete años, y serás cinco o siete años más viejo. ¿Dónde estarás cuando pase ese periodo? ¿En la cima de tu área de trabajo o batallando todavía, y sentado en la zona de los asientos baratos, al lado de la gente común que nunca realizó un esfuerzo adicional para ser mejor? Recuerda que toda la gente que se encuentra entre el 10% de la zona superior empezó en el 10% de la zona inferior.

Para mantenerte en forma en el aspecto mental, alimenta a tu cerebro con materiales positivos de manera constante. De la misma forma en que nos volvemos lo que comemos, también nos volvemos lo que pensamos, en aquello con lo que llenamos nuestra mente. Todos los días lee material educativo, espiritual o motivacional, entre 30 y 60 minutos. En lugar de leer las golosinas que ofrecen los periódicos y la televisión, empieza tu día de la manera correcta: con la proteína mental que proveen las lecturas de alto nivel nutricional. Si lees entre media y una hora diaria algo sobre tu ramo laboral, estarás abordando un libro por semana, lo cual asciende a 50 libros al año. Si lees 50 libros por año, obtendrás el equivalente a un doctorado práctico. En solo dos o tres años, el simple hecho de leer una hora diaria te convertirá en una de las personas más educadas y mejor pagadas en tu área.

Cada vez que te desplaces de un lugar a otro en tu automóvil, en lugar de música o cualquier otra cosa, escucha programas educativos de radio. Si usas tu auto para tus negocios, mientras viajas seguramente pasas entre 500 y mil horas al año manejando, es decir, unos tres meses con semanas de 40 horas. Esto equivale a uno o dos semestres completos de cursos universitarios. Si ya estudias programas educativos en tu automóvil, puedes cumplir con el equivalente a la asistencia requerida para estudios universitarios de aprendizaje autónomo en tiempo completo. Si transformas tu tiempo de viaje en tiempo de aprendizaje, y tu automóvil en una universidad sobre ruedas, puedes volverte una de las personas más inteligentes y cultas de tu área. Asiste a todos los cursos y seminarios que puedas.

ELIGE A LA GENTE CORRECTA

Vincúlate con otras personas positivas e interesadas en el éxito. Convive con los ganadores y deja de perder tu tiempo con gente que no va a ningún lado en la vida.

Para ser en verdad exitoso, es necesario que primero pienses en la gente. Sé selectivo con la gente a la que le permites entrar a tu círculo personal. Es probable que las personas con las que elijas asociarte tengan un impacto mucho mayor en tu vida y tu éxito que cualquier otro factor.

Forma un grupo *mastermind* de entre tres y cinco personas que sean positivas y ambiciosas, y que tengan metas. Haz los arreglos necesarios para reunirte por lo menos una vez a la semana para desayunar o comer con tu grupo. Hablen sobre lo que están haciendo y sobre las mejores ideas que hayan tenido en la semana. Compartan libros y artículos, ayúdense y anímense entre sí para ser incluso más exitosos. Napoleon Hill, autor del clásico de la literatura motivacional *Piense y hágase rico*, investigó a cientos de personas adineradas, y descubrió que no empezaron a desarrollar su potencial total, sino hasta que formaron un grupo *mastermind* y se reunieron de manera regular con otras personas creativas y exitosas, y con una actitud positiva y optimista.

Cada vez que te reúnas con alguien positivo recibirás ideas, reflexiones e inspiración que te servirán para ser una persona más feliz y exitosa. Dos personas, quizás un hombre y una mujer, que tengan una convivencia positiva, pueden convertirse en el grupo *mastermind* más poderoso y capaz de alcanzar el éxito.

LAS SIETE ORIENTACIONES

1. Orientación al futuro
2. Orientación a objetivos
3. Orientación a la excelencia
4. Orientación a los resultados
5. Orientación a las soluciones
6. Orientación al crecimiento
7. Orientación a la acción

LAS SIETE ORIENTACIONES

Hay siete maneras de pensar. Les llamamos *orientaciones* y las practican las personas más felices y exitosas para cambiar su vida. Podemos definir una orientación como una tendencia general de pensamiento, es decir, aunque te desvíes con cierta regularidad, siempre vuelves a este tipo de pensamiento. Las personas que se encuentran entre el 10% de la sección superior de cualquier campo o industria practican estas orientaciones.

La primera es la *orientación al futuro*. Sirve para desarrollar una visión clara, positiva y emocionante de lo que vendrá, una fantasía de cinco años con información precisa sobre cómo quieres que sea tu vida más adelante. Esta visión futura actúa como una poderosa fuerza motivacional que te ayuda a mantener una actitud positiva y un pensamiento de avance o progreso. Los líderes tienen una visión, los otros no. Cuando desarrollas una perspectiva emocionante para tu futuro, te conviertes en el líder de tu propia vida.

La segunda es la *orientación a los objetivos*. Para orientarte hacia los objetivos debes hacer una lista de 10 que te gustaría lograr el año siguiente. Selecciona tu objetivo más importante, haz un plan para cumplirlo y luego dedícate a trabajar en ello todos los días hasta lograrlo. Este ejercicio te cambiará la vida. Más adelante hablaré de él con mayor detalle.

La tercera es la *orientación a la excelencia*. Hoy mismo decide ser el mejor en tu área. Únete al 10%. Elige la habilidad que te ayudará, más que cualquier otra, y comprométete con el plan de ser el mejor en tu área. Mejora en tus habilidades de manera gradual, una sola a la vez.

La cuarta es la *orientación a los resultados*. A final de cuentas, solo te pagan por los resultados que produzcas para otras personas. Planea cada día con una lista y organízala por prioridades. Encuentra siempre la manera de aprovechar tu tiempo al máximo. Todo el tiempo pregúntate: "¿Qué es eso que solo puedo hacer yo y que marcará una verdadera diferencia en mi vida?", y trabaja en ello con una concentración absoluta.

La quinta es la *orientación a las soluciones*. La vida es una serie de problemas, dificultades, desafíos, infortunios, obstáculos y fracasos temporales, sin embargo, la manera en que respondas a los altibajos determinará en gran medida tu éxito y tu felicidad. Siempre enfócate en las soluciones, no en los problemas. Entre más pienses y hables sobre ellas, más estarás orientado a encontrarlas. De pronto empezarán a aparecer las soluciones a las dificultades que se presenten en el camino para llegar a tu objetivo.

La sexta es la *orientación al crecimiento*. Dedícate a aprender de manera permanente. Para ganar más, debes aprender más, así que cada año invierte en tu mente tanto como inviertes en tu vehículo. Gastar en tu mejoramiento personal y en tus conocimientos sobre tu campo de trabajo la misma cantidad que inviertes en el mantenimiento de tu automóvil te volverá rico, feliz y exitoso.

La séptima orientación es la clave de todo, se trata de la *orientación a la acción*. La acción es la panacea. Necesitas desarrollar una sensación de urgencia, actuar rápido cuando surjan las oportunidades y los problemas. Desarrolla un sesgo que te inste a actuar todo el tiempo y mantente en movimiento constante hacia tus metas. No dejes de repetirte lo siguiente: "Hazlo ahora. Hazlo ahora. Hazlo ahora".

Eres un genio en potencia, tienes el deber de liberar tus poderes mentales, y eso solo se logra pensando y hablando de manera continua sobre lo que deseas y sobre el lugar adonde te diriges. Por favor, niégate a pensar o hablar de cosas que te hagan sentir desdichado, tampoco menciones los problemas ni las dificultades. Créate el hábito de enfocarte con concentración absoluta en tus objetivos, tareas y actividades más importantes. Piensa y habla en términos de soluciones y oportunidades, y, sobre todo, actúa de manera constante para dirigirte a lo que en verdad anhelas en la vida: todo el día, todos los días.

Capítulo 2

Libera tu potencial

En tu interior hay un potencial mayor al que podrías aprovechar en 100 vidas, y entre más lo uses, más estará disponible para ti. Créeme que no tendrás idea de lo que eres capaz de lograr hasta que no empieces a extenderte. Tal vez la responsabilidad más importante que tienes en la vida, para contigo y los demás, sea la de aprovechar al máximo tu potencial para alcanzar la felicidad, el éxito y tus metas.

En este capítulo compartiré contigo algunas de las mejores ideas que aplican las personas más felices y exitosas del mundo para aprovechar su potencial al máximo.

Este es el mejor momento de la historia de la humanidad para estar vivo. Independientemente de los altibajos a corto plazo que se presentan en la economía y la política, en este maravilloso instante de la historia tienes la capacidad de hacer y tener más que nunca.

TRES EJERCICIOS

A continuación te enseñaré tres ejercicios breves. Número uno: imagina que en los años por venir tendrás la capacidad de duplicar o triplicar tu ingreso, incluso de hacerlo crecer 10 veces.

En ocasiones, cuando hablo con el público, explico:

—A todos los presentes les preocupa el dinero, pero imaginen que tengo una varita mágica y puedo duplicar el ingreso de todos. ¿Creen que eso resolvería sus dificultades financieras?

—Sí, sí —contesta la gente.

—¿Y qué dirían si pudiera triplicar sus ingresos?

—Sí, resolverías nuestros problemas.

—¿Qué tal si pudiera quintuplicar o hacer crecer sus ingresos 10 veces?

—Sí, sí, sí —insisten.

—Ahora permítanme hacer una pregunta: ¿cuántos de ustedes han logrado duplicar su ingreso entre el momento que tuvieron su primer empleo y el día de hoy?

Entonces todos levantan la mano en la sala. Si les pregunto quién ha triplicado el ingreso, veo que 80% levanta la mano. De hecho, hay muchas manos levantadas cuando les pregunto si ya han quintuplicado o logrado hacer crecer sus ingresos 10 veces.

Lo que quiero decir con esto es que ya lo hiciste, y si ya lo hiciste, sabes cómo volver a hacerlo.

Este es el segundo ejercicio: imagina que tienes una salud perfecta y que estás en forma en todos los sentidos. Imagina que puedes agitar una varita mágica y estar de pronto en gran forma y saludable en todo. ¿Cómo te verías? ¿Cómo te sentirías?

El tercer ejercicio me parece el más importante. Imagina que tienes relaciones personales inmaculadas y una familia maravillosa en todos sentidos, que tu vida desborda de amor, armonía, gozo, paz y risas. ¿Sería un escenario muy distinto al actual?

Einstein dijo: "La imaginación es más importante que los hechos", y el orador motivacional Denis Waitley declaró: "Tu imaginación es solo un avance de las atracciones que te depara la vida". Entre más emocionante sea lo que imagines, más aumentará tu autoestima. Entre mejor sea la imagen que tengas de ti mismo, mejor será tu ideal de ti como persona, y más confiado y positivo te sentirás.

Practica la técnica de la varita mágica en todas las áreas de tu vida. Imagina que tienes acceso a uno de estos artefactos mágicos y que puedes pedir tres deseos para cada una de las siguientes áreas: ingresos, salud y relaciones. ¿Qué desearías? Todo éxito en la vida comienza por una visión emocionante de lo que es posible para cada uno, pero para generar esa visión debes liberar el poder de tu imaginación.

"ME AGRADO A MÍ MISMO"

Como ya lo mencioné, el mayor logro en el desarrollo del potencial humano es el descubrimiento del concepto de uno mismo.

El concepto de ti mismo antecede y predice el nivel de eficacia que tendrás en todo lo que realices. Este concepto define tu desempeño exterior. Todo mejoramiento en tu vida empieza por un mejoramiento del concepto que tengas de ti, de tu opinión de ti como persona.

El concepto de ti mismo es una especie de paquete de creencias, de todas las que has tenido sobre ti desde la infancia. Claro, este paquete es sumamente subjetivo porque no se trata de hechos, sino de información sobre ti y tus habilidades que has asimilado y aceptado como legítima.

Tu autoestima es la parte más relevante de tu personalidad, es tu centro emocional y, en resumen, podríamos decir que es cuánto te agradas a ti mismo.

Uno siempre puede cambiar el concepto que tiene de sí, aumentar su autoestima, mejorar la imagen personal y avanzar con mayor rapidez hacia sus objetivos y sueños. Basta con repetirse sin cesar estas palabras: *Me agrado a mí mismo. Me agrado a mí mismo. Me agrado a mí mismo.*

En una ocasión se acercó a mí una mujer que tenía la apariencia de ser muy, muy feliz. Me dijo que la primera vez que me escuchó dar este consejo pasó dos años tratando de decir: "Me agrado a mí misma", pero debido a la enorme carga de negatividad que le heredaron en su niñez, no pudo. Un día se despertó y dijo: "Me amo a mí misma. Me amo a mí misma", y entonces se rompió y se desbordó la presa y salió el sol. Esa mujer ha sido una persona feliz desde aquella mañana.

Lo mejor que puedes decir al despertarte es *Me agrado a mí mismo. Me agrado a mí mismo. Me agrado a mí mismo.* O *a mí misma*, claro. Antes de entrar a una reunión, sin importar de qué tipo sea, prepárate psicológicamente: *Me agrado a mí mismo. Me agrado a mí mismo.* Te asombrará cuán feliz te sentirás y cuánto te agradarán las otras personas.

Ahora bien, la regla fundamental del éxito consiste en dar por hecho que todo cuenta. Es decir, todo lo que hagas servirá o causará daño. Todo te acercará o te alejará de tus metas. Todo te ayudará a fortalecer o destruir tu autoestima. Los psicólogos dicen que todo lo que hacemos en la vida sirve para construir o proteger la autoestima, por eso debes estar al pendiente de los hechos y preguntarte lo siguiente: lo que haces, los libros que lees, la gente con la que te relacionas, las conversaciones que sostienes, ¿aumentan o disminuyen tu autoestima?

LOS BENEFICIOS DE UNA BUENA AUTOESTIMA

Tener una buena autoestima aporta beneficios extraordinarios. El primero es que, entre más te agrades a ti mismo, más eficaz serás en todo lo que intentes. Gracias a la psicología se ha descubierto que la autoestima es el otro lado de la moneda de la eficacia, ¿qué significa esto? Que entre mejor haces algo, más te agradas, entre más te agradas, mejor haces las cosas. Por esta razón, a medida que aumentes tu autoestima, también mejorarán tus habilidades, tu desempeño y tu capacidad.

El segundo beneficio es que, entre más te agrades, más te agradarán los demás, y viceversa. Conforme avances, más te agradarán los integrantes de tu familia. Los padres con autoestima elevada crían niños con esta misma característica. Los niños con autoestima elevada crecen y se casan con gente similar, te dan nietos seguros de sí mismos y viven una vida de confianza. Es como cuando se extiende el calor de un incendio: tu autoestima puede tener un efecto positivo en otras personas.

Este factor es en particular importante en las ventas, la comunicación, la persuasión y la negociación. En las ventas existe una relación directa entre tu nivel de autoestima y tus cifras de ventas. Entre más confianza tengas, más venderás en cualquier mercado. ¿Por qué? Porque la gente les compra a las personas que le agradan, y entre más les agrades a otros, más querrán comprarte. Además, querrán hacerlo más de una vez y te recomendarán entre sus amigos.

En lo que se refiere a la comunicación, la persuasión y la negociación, entre más nos simpatiza alguien más receptivos somos a su influencia. Entre más te agrades a ti mismo, más interesantes y ambiciosas serán tus metas, y las establecerás con más confianza. Entre más te agrades y seas persistente, menos te costará trabajo reponerte cuando la adversidad te embista.

La alta autoestima enriquece todo en tu vida, te ofrece niveles más elevados de optimismo, así como una actitud mental positiva. Te permite abordar la vida de manera distinta y te ofrece la oportunidad de aumentar tu confianza y valentía.

Lo que en realidad nos impide avanzar son nuestros mayores temores: el miedo al fracaso y al rechazo. Es como un sube y baja: entre más elevada tu autoestima, menores serán tus temores; entre más te agrades, menor será tu miedo al fracaso y la crítica. Entre más te simpatices, más dispuesto estarás a probar cosas nuevas porque sabrás que los fracasos temporales y la desaprobación de los otros no se reflejarán en tu valor de ninguna manera.

Otro beneficio esencial de una autoestima elevada es que te ayuda a crear una personalidad positiva, popular y agradable para los otros. Entre más te simpatices a ti mismo, más positivo y optimista serás; entre mejor humor tengas, más energía sentirás. Le agradarás más a la gente, y otros querrán convivir e interactuar contigo en los negocios.

LAS 7 LEYES

1. Ley de causa y efecto
2. Ley del control
3. Ley de las creencias
4. Ley de las expectativas
5. Ley de la atracción
6. Ley de la correspondencia
7. Ley de la actividad supraconsciente

LAS SIETE LEYES MENTALES

Existen siete leyes mentales que determinan tu vida y tu potencial. La primera ya la mencioné en este libro, es la *ley de causa y efecto*, la cual dice que todo sucede por una razón. Vivimos en un universo gobernado por leyes, no por el azar, y esto significa que ni el éxito ni el fracaso son accidentales.

La ley de causa y efecto indica que, si haces lo mismo que la gente exitosa, al final deberás gozar del mismo tipo de éxito, no hay otra manera de que sucedan las cosas. El mundo está repleto de gente que imita a los fracasados y luego se sorprende de obtener los mismos resultados. Si deseas tener éxito, averigua qué es lo que hacen quienes lo han logrado y repite su comportamiento de manera constante, no cambies nada, solo continúa así hasta que obtengas los mismos resultados.

Insisto en que la aplicación más importante de esta ley es la de los pensamientos como causa y las condiciones como efecto. El pensamiento es creativo, es el encargado de generar tu vida, es decir, tus pensamientos son los que le dan forma a tu existencia. Si deseas generar nuevas condiciones en tu vida externa, debes tener una nueva forma de pensar en tu interior.

La segunda es la *ley del control*, la cual dice que uno se siente positivo respecto a sí mismo en la misma medida en que percibe que tiene control sobre su propia vida.

Es posible tener un *locus* de control interno o externo, el *locus* interno se refiere a lo que sientes cuando estás a cargo y puedes tomar tus propias decisiones, estás sentado en el asiento del conductor y defines lo que te sucede. El *locus* externo proviene del sentimiento de que no tienes ningún control sobre tu vida, tienes una actitud pasiva, eres víctima, te rige lo que otras personas dicen y hacen, tus experiencias del pasado, las facturas que debes o la situación actual.

Esta sensación de que la gente y las circunstancias del exterior tienen el control te produce estrés, y la única manera de sentirte feliz y tener un buen desempeño es recuperando el control de tu vida.

Cuando vives bajo la ley del control estás a cargo de todo lo que te sucede, lo cual nos remite a una observación interesante: lo único en el mundo sobre lo que tienes control total es tu pensamiento. Por suerte, estamos diseñados de manera natural para retomar el control de nuestro pensamiento y de todo lo demás.

La tercera ley que determina tu potencial es la *ley de las creencias*. Es la base de todas las religiones, filosofías y doctrinas metafísicas: todo aquello en lo que creas de manera profunda se transformará en tu realidad. La ley de las creencias indica que uno siempre actúa de manera congruente con lo que cree; las creencias determinan tus acciones, y tus acciones determinan los resultados.

Hay, sin embargo, creencias que te limitan a pesar de no estar basadas en hechos reales. Son ideas que has aceptado respecto a ti mismo y a tu potencial, pero no son ciertas. ¿Alguna vez has pensado que no eres bueno en particular en un área, pero luego te das una oportunidad y descubres que, en realidad, tienes un talento natural para ello? Esto significa que, antes de la experiencia, tenías una creencia equivocada.

Mucha gente tiene este tipo de creencias que le impiden avanzar toda su vida. Un multimillonario contó en una ocasión que, cuando era niño, su padre no dejaba de repetirle: "La gente de nuestra familia es gente trabajadora, nunca alcanzará el éxito económico. Nosotros trabajamos sin cesar para ganarnos la vida. Siempre hemos sido obreros".

Este hombre aceptó estas creencias desde niño y luego abandonó la preparatoria sin esforzarse demasiado. El primer empleo que tuvo fue como peón. Un día, dos o tres años después de dejar la preparatoria, se encontraba con un equipo cavando una zanja en una carretera. Los automóviles pasaban con lentitud a su lado. Cuando levantó la cabeza vio a alguien que estudió con él en la preparatoria. No era un individuo muy brillante y nunca tuvo buenas calificaciones, pero ahí estaba, conduciendo un automóvil nuevo.

El obrero y el hombre del automóvil intercambiaron un saludo y empezaron a conversar.

—Hola, Bill, ¿cómo estás? —dijo el obrero, apoyándose en su pala.

—Hola, Sam, ¿cómo va todo?

—Ah, bien, tengo un empleo y me va bien. Me acabo de comprar un automóvil y, en unos meses, también me compraré una casa.

El obrero se quedó mirando a su antiguo compañero y de repente sintió un golpe, como si alguien le hubiera cerrado una puerta en las narices. Entonces comprendió que, en algún momento, había heredado de su padre un paquete de creencias e ideas prefabricadas. Ahí estaba ese otro individuo, gozando de una vida maravillosa, mientras él cavaba zanjas bajo el sol ardiente. Arrojó la pala al suelo y empezó a caminar.

—Voy a hacer lo que tú hiciste —le dijo al hombre del automóvil.

Unos años después, ya era multimillonario. Su punto de quiebre en la vida se produjo en cuanto cuestionó los pensamientos negativos, las creencias limitantes que le impedían avanzar.

La cuarta es la *ley de las expectativas*. Esta ley indica que todo lo que esperes con confianza en ti mismo se transformará en tu profecía cumplida. Hay bibliotecas llenas de libros sobre lo que se conoce como *teoría de las expectativas*. En resumen, dicen que toda la bolsa de valores se mueve con base en las expectativas. La gente con la que nos casamos, los empleos que tomamos, las metas que nos fijamos y nuestro camino de esfuerzo también se basan en una serie de expectativas. Las expectativas negativas acompañan al bajo desempeño y el fracaso, las expectativas positivas acompañan al éxito y el logro.

En la vida uno no consigue lo que desea, sino lo que espera de manera activa, por eso debes esperar lo mejor en todas las situaciones. Espera lo mejor de toda persona que conozcas, pero, más que nada, espera lo mejor de ti mismo.

La quinta es la *ley de la atracción*, la cual dice que somos como imanes vivientes. De manera invariable, uno atrae a la gente y las circunstancias que están en armonía con sus pensamientos dominantes.

En tiempos recientes se ha escrito y dicho mucho sobre la ley de la atracción, es una de las 30 que rigen tu vida. Esta ley es muy útil, pero no es la única ni la más importante. En resumen, dice que si piensas en algo con una emoción intensa y mucha claridad, si logras concentrarte en ello y trabajar todos los días para lograrlo, empezarás a atraer a la gente y las circunstancias que te ayudarán a avanzar con más rapidez.

La sexta es la *ley de la correspondencia*. Casi todo lo que he estudiado en los últimos 30 años me lleva de nuevo a esta ley, la cual indica que tu mundo exterior tiende a corresponderle al interior como una imagen en un espejo. Adonde quiera que mires, ahí te encontrarás y, por lo tanto, debes crear un mundo interior congruente con el exterior que deseas disfrutar.

Hace algunos años el gran metafísico Emmet Fox escribió un libro intitulado *El equivalente mental*. En él se explica que tu principal misión en la vida es crear el equivalente mental de lo que deseas disfrutar en el exterior. Todas las fuerzas de la naturaleza y el universo se reunirán para ayudarte a diseñar ese equivalente, pero debes tener una imagen clara en el interior de cómo quieres que sea tu vida en el exterior. En cuanto lo logres, todo empezará a suceder.

La Biblia dice que lo que recibas irá de acuerdo con la fe que tengas. Hay otro dicho que también se refiere a este concepto: "De adentro hacia fuera". Cuando tienes claro lo que deseas, tu mundo exterior empieza a reflejarlo en tres áreas, empezando por tus relaciones. Lo que piensas y sientes respecto a ti mismo lo proyectas al exterior y define con qué tipo de gente te relacionas y te atrae. Tu mundo interior también se refleja en tu estilo y condiciones de vida, y en tus ingresos. La preparación interior define lo que ganas. Y, naturalmente, tu pensamiento y tus acciones en ese mundo interior también definen tu salud y condición física. Para empezar, ve a tu pizarrón o toma un cuaderno y empieza a trabajar en el equivalente mental que creará el mundo que te rodee.

La última es mi preferida, es la *ley de la actividad supraconsciente*. Cualquier pensamiento, plan, objetivo o idea que mantengas de manera constante en tu mente consciente se volverá realidad gracias a tu mente supraconsciente. Dicho de otra forma, todo lo que tengas en tu mente de manera permanente podrás obtenerlo gracias a la existencia de este colosal poder en el universo.

Estas son las características que hacen tan poderosa a la supraconsciencia: en primer lugar, en cuanto le hayas dado a conocer tus metas, se concentrará de manera continua en ellas las 24 horas del día. En segundo lugar, si tu meta es clara, la mente supraconsciente resolverá cualquier problema que se presente en el camino. Cada vez que se presente una dificultad, un obstáculo o desafío, se abrirá una puerta. Cuando encuentres algo de información, tendrás una idea o reflexión pertinente, cierta intuición o corazonada. En resumen, en el camino hacia tu objetivo se irán resolviendo las dificultades a medida que se presenten.

En tercer lugar, la mente supraconsciente o supraconsciencia te da la respuesta precisa en el momento idóneo. A mí, por ejemplo, me ha sucedido que me encuentro en un dilema enorme justo antes de entrar a una reunión y, al cruzar la puerta, me llega como por inspiración la respuesta perfecta. La propongo y la situación se resuelve.

La supraconsciencia te dará la respuesta que requieres, pero debes tomar en cuenta algo fundamental: sus respuestas tienen fecha de caducidad. Es decir, tienes que actuar de inmediato. Si vas manejando y de repente sientes que deberías llamar a alguien, actúa en ese momento. Si ves un libro y tienes la corazonada de que deberías comprarlo, tómalo en ese instante. Si estás viendo una revista y te parece que deberías leer un artículo, léelo. Si ves a alguien con quien te parece que deberías presentarte, hazlo. A menudo este tipo de situaciones se convierten en puntos de inflexión en la vida.

En cuarto lugar, la supraconsciencia necesita tener objetivos claros para trabajar y, de preferencia, deberán estar por escrito. De hecho, uno nunca aprende ni comprende algo a menos de que lo pueda escribir con claridad.

Si no puedes escribir una idea y hacer la conexión entre tu cerebro y tu mano, lo más probable es que tú mismo no la entiendas. La supraconsciencia no puede trabajar en ella tampoco. El simple hecho de escribir nuestras metas con transparencia nos ayuda a cumplirlas.

Tus objetivos deberían ser tan claros que cualquier niño debería poder leerlos y explicárselos a otro niño. Debería poder leerlos y decirte si los has logrado o cuán cerca estás. Si un objetivo no está plasmado de esta manera, con suficiente claridad para que lo entienda un niño, necesitarás volver a trabajar en él. Entre más sencillo sea, más rápido empezarán a trabajar en él tus poderes mentales para cumplirlo.

En quinto lugar, a tu mente supraconsciente la activan la visualización y las órdenes positivas que le envíe tu consciente a tu inconsciente. En especial, la supraconsciencia es sensible a frases como *Me agrado a mí mismo* o *Me agrado a mí misma*. Cada vez que pienses en tu objetivo y digas: *Me agrado a mí mismo. Me agrado a mí mismo. Me agrado a mí mismo*, estarás activando tus poderes mentales.

En sexto lugar, la supraconsciencia opera mejor cuando te sientes tranquilo y te muestras lleno de confianza. Es probable que conozcas a gente que, cuando las cosas salen mal, diga: "Ah, no te preocupes, ya sucederá algo bueno. Todo va a estar bien, todo se va a solucionar". Y, ¡sorpresa, sorpresa!, a esta gente siempre le pasa algo bueno, las cosas siempre se solucionan. Entre más tranquilo y seguro estés, entre más confíes en que todo saldrá bien, más pronto aparecerá tu objetivo en la vida.

En séptimo y último lugar: la supraconsciencia libera ideas y energía de manera continua para lograr tus objetivos. Al parecer, cuando trabajas por algo que te importa muchísimo, se produce un flujo continuo de energía e ideas. A veces puedes trabajar durante horas sin sentirte fatigado, cuando algo te emociona de verdad, puedes trabajar 16 horas continuas, siete días a la semana, y no necesitar dormir. Esto sucede porque tu supraconsciencia es una fuente de energía gratuita. Esta energía es producto del universo, pero puedes atraerla para que te impulse a lograr tus metas. También te ofrece todo tipo de ideas y reflexiones que te facilitan las cosas.

Orientarse hacia los objetivos es la clave para desbloquear tu potencial y hacer que todas estas leyes mentales trabajen a tu favor y te conduzcan hacia lo que deseas. Si tus objetivos son claros, no es necesario que pienses en las leyes porque, por ejemplo, la ley de causa y efecto se activa de inmediato: tus pensamientos son la causa y el movimiento hacia tus metas es el efecto. La ley del control se activa también: ¿cómo controlas tu pensamiento cuando te concentras en tus metas? La ley de las creencias se activa porque crees que todo lo que haces te acerca a tus objetivos. La ley de las expectativas funciona porque esperas que todo lo que suceda te ayude a lograr tus objetivos. Y, por supuesto, la ley de la actividad supraconsciente, que trabaja 24 horas al día, te mueve cada vez más rápido y hace que tus metas también se acerquen a ti. ¿Cuáles son los objetivos?

- Liberar ideas y energía, desbloquear tu potencial.
- Mejorar el concepto que tienes de ti mismo, aumentar tu autoestima y hacer que te agrades más.
- Aumentar la confianza que tienes en ti y volverte imparable en la carrera hacia tus metas.

En el capítulo 5 hablaré más respecto a establecer y cumplir metas.

LA FÓRMULA DEL 1 000%

Quiero mostrarte cómo aumentar tu productividad, desempeño e ingresos en 1000% y multiplicarlos por 10 en los años por venir. A este proceso le llamo *La fórmula del 1000%*, y se basa en la ley del mejoramiento progresivo, la cual dice que la gente mejora poco a poco. Nadie pasa de ser promedio o mediocre a ser extraordinario de la noche a la mañana; recuerda que se requieren entre cinco y siete años para volverse excelente en tu campo de acción, alcanzar el dominio y estar en el 10% de la parte superior, así que más te vale comenzar pronto.

La fórmula del 1000% también se basa en la ley de la acumulación, la cual dice que el éxito es resultado de cientos o incluso miles de pequeños esfuerzos y sacrificios que nadie ve o aprecia.

El poeta Henry Wadsworth Longfellow escribió un maravilloso verso: "Los hombres [y mujeres] extraordinarios que alcanzaron y dominaron las altas cimas, no lo lograron con un vuelo imprevisto. Mientras sus compañeros dormían, ellos luchaban en su ascenso nocturno". Esto quiere decir que, mientras la mayoría de la gente ve televisión, socializa y se divierte, quienes serán extraordinarios en el futuro están ocupados trabajando y aumentando su conocimiento. Se vuelven mejores poco a poco. La clave del éxito es simple: mejora un poco todos los días. Mejoramiento continuo y permanente.

Ahora te haré una pregunta: ¿podrías aumentar tu productividad, desempeño y resultados 0.1% en un solo día? ¿Podrías empezar a trabajar un poco más temprano, trabajar con un poco más de ahínco, quedarte en la oficina hasta un poco más tarde, enfocarte en las prioridades y volverte 1/1000 más productivo en un día?

Cuando doy conferencias y le pregunto esto al público, esto es lo que sucede:

—Claro. Eso se puede hacer en 30 segundos —dicen todos.

—Y si lo hicieran el primer día, ¿también podrían hacerlo el segundo?

—Sí, por supuesto —contestan.

—¿Qué hay del tercero, cuarto y quinto día? —pregunto.

—Sí, claro.

—Entonces podrían hacerlo durante toda la semana. Y si 0.1% por cinco días da como resultado 0.5%, ¿la siguiente semana podrían volverse 0.5% más productivos si en verdad quisieran?

—Sin duda —contesta la gente del público.

—Entonces, si se volvieron más productivos la primera semana, podrían hacerlo la segunda, ¿cierto? —añado.

—Claro.

Y aquí empieza a suceder algo interesante que se llama *principio del ímpetu*. Uno se deja llevar por el ritmo de la situación. Es como despertarse por la mañana y hacer ejercicio, ya sabemos que cada día es más fácil y que, una vez que lo haces todos los días de la primera semana, podrías hacerlo la segunda, la tercera y la cuarta, ¿no? Pues esto da como resultado 2% en un mes.

¿Podrías continuar mejorando el segundo, tercero y cuarto mes? La gente dice que sí, lo cual significa que podría hacerlo todo un año, y cada año tiene 12 meses con cuatro semanas cada uno, es decir, 52 semanas. Si mejoras 2% al mes y lo multiplicas por 12, te da como resultado 24% en un año.

¿Crees que si trabajaras en ti mismo, si administraras tu tiempo mejor, si te enfocaras y te concentraras en tareas de alto valor, te sería posible ser 24% más productivo en el transcurso de un solo año? La respuesta es "sí", por supuesto. Si en verdad lo desearas, podrías ser el doble de productivo en un mes, así que 24% al año me parece razonable. Y una vez que hicieras eso un año, ¿podrías hacerlo el segundo año? Naturalmente. ¿Y el tercero y el cuarto? Sí.

Si aumentas tu productividad, el desempeño y los resultados 24% al año, aumentarás tus ingresos en la misma medida. Asimismo, duplicarás tu productividad, desempeño e ingresos en 3 años. Si sumamos los resultados de 10 años, tendrías un aumento de 1004% de todos los aspectos: productividad, desempeño, resultados e ingresos.

Esto es lo más sorprendente: el simple hecho de volverse 0.1% mejor cada día, 0.5% durante cinco días, 2% al mes y 24% al año te permitirá ser 10 veces mejor persona y recibir mejores ingresos en una década.

Hace poco asistí a un seminario en Seattle y un joven amigo llamado Chris se acercó a mí.

—Han pasado siete años desde que tomé tu seminario. He practicado tu fórmula del 1 000% todos los días y no funciona —me dijo.

—¿A qué te refieres? —pregunté.

—Bien, pues me he levantado temprano todos los días y también he hecho varias de las cosas que recomendaste, pero tu fórmula no sirve. Mis ingresos no aumentaron 10 veces en 10 años.

—¿En serio? —volví a preguntar incrédulo, pero entonces lo vi sonreír con aire malicioso.

—Aumenté mis ingresos 10 veces en solo siete años. Este año gané 10 veces más de lo que ganaba cuando te conocí. Tu fórmula es lo más increíble del mundo, transformó mi vida. Me permitió darnos una vida fabulosa, a mí y a mi familia. Ahora vivimos en una hermosa casa, mis hijos asisten a escuelas privadas. Es una verdadera maravilla.

Estos son los siete ingredientes de la fórmula de 1000 por ciento.

1. Cada mañana, levántate dos horas antes de tu hora de entrada a la oficina o de tu primera cita, y lee algo educativo, motivacional o inspirador entre 30 y 60 minutos. Lo ideal sería que leyeras algo que te sirviera para ser mejor en tu empleo actual. Como ya lo mencioné, leer entre media y una hora te permite terminar un libro en una semana. Un libro en una semana te da como resultado 50 libros en un año; 50 libros en un año son 500 en 10 años, así que, como mínimo, necesitarás una casa mucho más grande donde guardarlos. Ahora bien, si solo leyeras una hora diaria y te enfocaras en textos sobre tu área de trabajo, en los próximos 10 años podrías aumentar tus ingresos 1000 por ciento.

2. Cada mañana, antes de iniciar el día, reescribe y revisa tus objetivos principales. Te sugiero que uses un cuaderno con espiral. En la parte superior de la página escribe la fecha y tus 10 objetivos para ese día. Esto te permitirá reprogramarlos en tu inconsciente, activar tus poderes supraconscientes y lanzarte a la jornada con gran claridad respecto a lo que tratarás de lograr.

   El mero hecho de reescribir y revisar tus objetivos principales cada mañana te permitirá aumentar tus ingresos 10 veces en los próximos 10 años.

3. Planea cada día con anticipación, haz una lista la noche anterior. Insisto, con el solo hecho de planear cada jornada podrías aumentar tu productividad, desempeño y resultados 25%. El primer día que lo hagas empezarás a aumentar la productividad, si continúas haciéndolo, tu ingreso crecerá 10 veces en 10 años.

4. Al organizar tus tareas, establece prioridades y concéntrate en aquello que te permita aprovechar tu tiempo al máximo. Este es el principio del éxito más importante: identifica lo más importante que podrías estar haciendo y enfócate en ello todo el día. Esto tendrá un impacto inusitado en tu vida y aumentará tus ingresos 10 veces en 10 años.

5. Escucha programas de audio en tu automóvil. Adondequiera que vaya en el mundo, yo siempre encuentro gente que empezó a escuchar este tipo de emisiones y se volvió adicta a ellas. Escucharon programas sobre metas, gestión del tiempo, relaciones, ventas, negocios y acumulación económica. Me dicen que esto las transformó como personas, y es cierto, porque cuando escuchas programas de audio, la información se graba en tu subconsciente.

La gente me repite con frecuencia: "Estaba en tal situación y no sabía qué hacer, pero luego recordé una frase de un programa de audio. La repetí o hice lo que indicaba y obtuve los resultados que esperaba". Uno nunca sabe de dónde puede llegarle una idea genial, por eso debes asimilar una gran cantidad.

Hace poco conocí en San Luis a un joven que me dijo que no era un gran lector, pero sí un buen escucha. Quería comprar los seis episodios de mis programas, pero no tenía dinero suficiente, sin embargo, volvió a casa corriendo, a la hora de la comida le pidió a su madre que le prestara el dinero, regresó y compró los audios. Cuando eso sucedió, manejaba un automóvil viejo, vivía en casa de su familia y casi no tenía dinero.

"En cuatro años he ganado más de 500 mil dólares —me dijo—. Tengo un automóvil nuevo y una casa hermosa. Estoy casado y soy feliz. Nunca había tenido tanto dinero en mi vida. Mis ingresos continúan aumentando año con año, y le atribuyo todo esto al hecho de que escuché esos programas porque son la única influencia nueva que he tenido desde entonces".

¿Funciona? Sí. A veces la gente me dice: "De acuerdo, pero ¿qué tal si no funciona?". ¿Qué tal si sí? ¿Podrías darte el lujo de *no* intentarlo? El simple hecho de escuchar programas de audio aumentará tus ingresos 10 veces en los próximos 10 años.

6. Después de cada experiencia, hazte las dos preguntas mágicas que te permitirán desbloquear más de tu potencial, volverte más inteligente más rápido y encontrar las soluciones que necesitas.

La primera pregunta es *¿Qué hice bien?* Si haces una llamada de ventas o una presentación, en cuanto termines haz un resumen y pregúntate: "¿Qué hice bien?". Yo solía sentarme con una libreta y una pluma, y escribía todo lo que había hecho bien porque, independientemente de cómo hubiera salido la situación, era obvio que había hecho algunas cosas bien.

La segunda pregunta es: *Si tuviera que volver a hacer esto de nuevo, ¿qué haría distinto?* Escribe todas las maneras en que podrías mejorar tu desempeño.

Por favor nota la peculiar cualidad de estas preguntas: las respuestas a ambas son positivas. Mucha gente solía pensar que cuando cometía un error, de inmediato debía diseccionarlo y preguntarse: "¿En qué me equivoqué?". Pero piensa que cualquier cosa sobre la que reflexiones, cualquier cosa que imagines, discutas y recuerdes se reprogramará en tu inconsciente. Si repasas tus errores, solo te reprogramarás para cometer más errores cuando estés en situaciones similares en el futuro.

Si, en lugar de eso, te enfocas en recordar todo lo que hiciste bien y en lo que podrías mejorar la próxima vez, los programarás en tu inconsciente y te predispondrás a hacer las cosas bien más adelante.

Siempre hazte esas dos preguntas. ¿Qué hice bien? ¿Qué haría distinto?

7. A cualquier persona que conozcas, trátala como si fuera un cliente que representara un millón de dólares, empezando por los miembros de tu familia, y luego todos los demás. Recuerda que toda la gente se considera la persona más importante del mundo, así que, cuando reconozcas esto y trates así a los otros, como si tuvieran la capacidad de comprar un millón de dólares de tus productos o servicios, ellos te tratarán con la misma calidez, afecto y respeto.

Muy pronto descubrirás que la gente mejor pagada en todas las industrias es la que les simpatiza a sus clientes y compradores. ¿Por qué? Porque los tratan como si fueran personas muy especiales e importantes.

TRES CLAVES PARA DESBLOQUEAR TU POTENCIAL

Estas son las tres claves finales que debes tomar en cuenta:

1. Decide con exactitud qué es lo que quieres. No puedes atinarle a un blanco que no puedes ver.

2. Establece prioridades y trabaja todos los días en tus tareas más valiosas.

3. Antes de todo, decide y proponte no renunciar hasta no cumplir las metas que te hayas fijado.

No dejes de recordarte a ti mismo esta maravillosa frase: *El fracaso no es una opción.* Y piensa en lo que dijo el connotado inventor Thomas Edison: "Cuando creas haber agotado todas las posibilidades, recuerda esto: aún hay más".

Capítulo 3

Motívate a ti mismo a alcanzar tu máximo desempeño

Ya analizamos los dos primeros pasos del plan fénix. Primero aprendiste que la mente es el poder más grande que tú y cualquier otro ser humano posee, que si cambias tu forma de pensar puedes modificar tu realidad. Luego aprendiste que puedes tener acceso a este asombroso poder gracias a métodos sencillos como la visualización de lo que deseas y el establecimiento de objetivos concretos con base en lo que quieres lograr.

Ahora nos concentraremos en alcanzar el máximo desempeño, es decir, en dar lo mejor de ti mismo. La persona común trabaja a menos de 50% de su capacidad, sin embargo, si te motivas puedes obtener más de ti y de tu vida.

La motivación es algo muy similar a la salud mental. Verás, para mantener tu salud física es necesario que realices ejercicios físicos, pero para mantener la salud mental y, en este caso, la motivación personal, debes realizar ejercicios mentales.

En este preciso momento tienes el potencial de ser, hacer y tener más que nunca. No importa todo lo que ya hayas logrado hasta ahora, eso es solo una muy pequeña parte de lo que puedes hacer.

La gente superior cree que el futuro será mejor que el pasado, que será el mejor tiempo de su vida. Cree que el tiempo en que obtendrá más ingresos que nunca está delante de ella y que sus mayores logros están aún por venir. Estas personas creen que los momentos de mayor felicidad y alegría se encuentran en el futuro. Su actitud ante la vida es la misma que la que tienen los niños respecto a Navidad: "Me urge que llegue". Gracias a la ley de las expectativas, la vida de estas personas siempre se pone mejor.

USA TU IMAGINACIÓN

La persona común solo utiliza 10% o menos de su potencial mental. Esto significa que, si desbloquearas más de tus habilidades y talentos, podrías duplicar, triplicar, quintuplicar o incluso hacer crecer 10 veces todo lo que ya logras ahora.

Como un primer ejercicio, empieza por imaginar que podrías duplicar tus ingresos en los próximos dos años, o en uno. ¿Cuánto ganarías? Escribe tu meta y comienza a pensar en esa cifra todos los días. Verás que, casi de inmediato, empezarás a tener ideas y detectar oportunidades que te permitirán duplicar tus ingresos.

El segundo ejercicio consiste en imaginar que aumentas tus ingresos 10 veces. Solo añade un cero a lo que ganas ahora y así tendrás la cifra que buscamos. A lo largo de los años he descubierto que si dices: "En este momento gano 50 mil dólares al año, pero si añado un cero tendré 500 mil", de la misma manera en que tu cuerpo podría rechazar un nuevo órgano que le fuera trasplantado, tu mente rechazará esta idea. Empezará por regresártela con una patada como si fuera un balón:

—En absoluto. Eso es imposible —dirá, porque tu cerebro no puede lidiar con un cambio tan increíble. Pero entonces, tú le devolverás el balón.

—Bien, solo imagina que yo pudiera ganar 500 mil dólares al año —insistirás. Tu mente se defenderá de nuevo, pero tú deberás mantenerte firme—: Pasaré de X a 10X. Mi sueldo actual es de 50 mil, pero 10 por X, es igual a 500 mil. Pasaré de X a 10X.

Y mientras sigas pensando lo mismo, "pasaré de 50 a 500, de 50 a 500", en algún momento tu mente se cansará y dejará de refunfuñar. Llegará el día en que diga:

—De acuerdo, tú ganas, tal vez sí sea posible.

En ese momento tu supraconsciencia entrará en acción y dirá: "Tal vez ayudaría que hicieras tal cosa". Y así, la presa empezará a fisurarse y de pronto estarás teniendo todo tipo de ideas que te permitirán aumentar tus ingresos y pasar de 50 mil a 55 mil dólares al año, de 55 mil a 60 mil, y de 60 mil a 70 mil.

Ahora bien, aunque las cosas empiecen a suceder, el proceso será lento. No esperes que todo cambie de golpe, ni lograr todo de la noche a la mañana. Los cambios sucederán de manera gradual, a medida que tu mente se vaya haciendo a la idea de ganar el doble, el triple o 10 veces más de lo que ganas hoy.

Ahora permíteme hacerte una buena pregunta: ¿estas cifras son posibles? Claro que sí. Miles o millones de personas ya están ganando esto a pesar de que comenzaron recibiendo menos de lo que tú ganas hoy en día. ¿Y sabes algo? Nadie es, ni mejor, ni más inteligente que tú, es solo que las otras personas hacen las cosas de una manera distinta.

Yo he llegado a sorprenderme, he conocido gente ordinaria que hace las cosas de forma extraordinaria y, gracias a eso, gana cinco o 10 veces más que yo. Entonces solo puedo negar con la cabeza y preguntarme cómo es eso posible. Luego me fijo en lo que hacen y noto que es algo distinto en un ámbito diferente. Saben más sobre lo que hacen que yo y se concentran en lo que conocen bien. He conocido personas cuya cifra de coeficiente intelectual no sería suficiente para indicar la temperatura en una sala de juntas, pero que ganan más que yo. ¿Por qué? Porque no tratan de ser buenas en muchos ámbitos, solo tratan de serlo en una sola cosa, e insisten en ello hasta el cansancio.

¿Es posible? Por supuesto. El descubrimiento más importante en la historia de la humanidad es que uno puede convertirse en aquello en lo que piensa la mayor parte del tiempo. También puedes convertirte en lo que te repites casi siempre. Vaya, lo que forma parte de tu discurso y tu diálogo interior determina 95% de tus emociones.

SUPERA TU CONFIGURACIÓN POR DEFECTO

Te diré algo crucial: si de manera consciente no decides hablarte a ti mismo de una manera positiva, siempre terminarás pensando de forma negativa, en automático.

¿Piensas en tus preocupaciones y problemas? ¿En las situaciones y la gente que te encolerizan? Si no tienes cuidado, siempre recurrirás a tu configuración por defecto, es decir, a pensar tonterías. Tienes que mantenerte enfocado en lo que quieres y en cómo obtenerlo, así que concéntrate en las cosas positivas por periodos extendidos. Si haces algo una y otra vez, en algún momento te crearás un hábito. Dentro de poco te habrás formado el hábito de siempre pensar de manera positiva y constructiva respecto a ti mismo y tu vida.

Todos los días habla contigo de manera positiva, di cosas como: *Me agrado a mí mismo* o *Puedo hacerlo* o *Soy el mejor*, o *Soy la mejor*. El empresario y pensador motivacional W. Clement Stone le enseñaba a la gente a repetirse la frase: "Soy feliz, estoy sano, me siento increíble".

Creo que esta actitud es maravillosa porque, como tu mente consciente solo puede tener un pensamiento a la vez, a medida que te repitas la frase, esta se convertirá en tu realidad. Te reprogramarás por dentro con un nuevo equivalente mental.

Una de las claves de la automotivación y de la confianza en uno mismo consiste en cancelar los pensamientos y los sentimientos negativos. La naturaleza aborrece el vacío, así que, si eliminas los pensamientos y los sentimientos negativos de tu mente, crearás un vacío y la naturaleza lo llenará exclusivamente con contenidos positivos.

Como dije, a las emociones negativas que te impiden avanzar las desencadenan dos miedos principales. El primero es el miedo al fracaso que, en mi opinión, es el mayor obstáculo para el éxito en la vida adulta. Esto se traduce también en un miedo a perder dinero, tiempo y amor, un miedo a la pobreza en general. Todos lo experimentamos y, por lo general, comienza en la infancia.

El segundo es el miedo al rechazo: a la crítica, a sentir vergüenza, hacer el ridículo o a la opinión de los otros. ¿Sabías que

54% de los adultos le teme más a hablar en público que a la muerte? ¿Sabes por qué? Porque les da miedo sentirse avergonzados. Creen que, si se ponen de pie y hablan, la gente se reirá de ellos, y prefieren morir antes de exponerse a algo así.

Estos miedos son inconmensurables y tienen un impacto enorme en nuestra vida. Ambos los aprendemos en la infancia debido a las críticas destructivas que recibimos de nuestro padre, nuestra madre o ambos. La buena noticia es que, como son miedos aprendidos, también podemos desaprenderlos. Es un milagro de la psicología moderna. Podemos desaprender nuestros miedos aplicando la *ley de la sustitución*. Esta ley dice que tu mente solo puede mantener un pensamiento a la vez, ya sea negativo o positivo, así que puedes sustituir de forma deliberada un pensamiento negativo con uno positivo. Mucha gente me ha contado que esta práctica le cambió la vida. Antes, no sabían que tenían tanto control, no se daban cuenta de que podían elegir y sustituir un sentimiento negativo con uno positivo, y seguir haciéndolo hasta que este último se quedara en su mente y se fijara como si fuera concreto.

Todos somos capaces de cancelar tanto el miedo al fracaso como el miedo al rechazo, basta decir la frase *Me agrado a mí mismo*. Entre más te agrades y te simpatices, menos le temerás al fracaso. Entre más te simpatices, menos le temerás al rechazo, la crítica y los comentarios de otras personas.

Conforme aumente tu autoestima, disminuirán tus miedos. El miedo al fracaso, en particular, lo puedes cancelar repitiendo la frase: *Puedo hacerlo, puedo hacerlo, puedo hacerlo*. Porque, verás, el miedo al fracaso se resume en el sentimiento que te hace decir: *No puedo, no puedo, no puedo*. Y este *No puedo* es lo que nos impide probar cosas nuevas y correr riesgos. Cada vez que sientas pánico porque debes hacer llamadas de ventas, tocar puertas o arriesgarte, repítete: *Puedo hacerlo, puedo hacerlo, puedo hacerlo*. Tu confianza aumentará y tus miedos desaparecerán poco a poco.

Ahora te hablaré de un descubrimiento muy interesante en el campo de la psicología, se llama *efecto bumerán* y se refiere al hecho de que todo lo que hagas o digas para hacer a otra persona sentirse mejor respecto a sí misma, también te hará sentir bien a ti.

Si en tu familia o círculo social hay alguien a quien te gustaría influir de manera positiva, dile: *tú puedes, tú puedes, tú puedes*. Anima a la gente en lugar de enumerar las razones por las que algo no funcionará. Muchas personas suelen hacer eso, así que, mejor, anima a los otros diciéndoles que son capaces de todo. A veces puedes cambiarle la vida por completo a alguien con solo animarlo o animarla y repetirle: *tú puedes*. Más adelante vendrán a decirte: "¿Sabes? Yo tenía muchas dudas y era muy inseguro, pero cuando insististe en que podía hacerlo, me dije: 'Vaya, qué demonios, ¡sí puedo!', y eso me cambió la vida". Cuando animas a otros y los alientas, te sientes mejor y confías más en ti también. Como dicen: una mano lava a la otra.

ENTRENAMIENTO MENTAL EN VARIAS ÁREAS

La cualidad más importante para la autoestima y la motivación personal es el optimismo. Las personas en el 10% de la parte superior de cualquier ámbito son optimistas y creen en sí mismas.

Todo lo que sucede, todo inconveniente, dificultad y desafío, lo ven como una oportunidad de algún tipo.

El optimismo es como el *fitness* mental, es la forma en que puedes detectar un alto nivel de salud mental y una personalidad positiva. Cuando quieres ponerte en forma en el aspecto físico, vas al gimnasio y haces ejercicio, pero si quieres estar en buena forma mental, tienes que hacer un entrenamiento psicológico en varias áreas.

I. Piensa y habla sobre lo que deseas y cómo obtenerlo, hazlo siempre que puedas, porque lo que pienses y articules marcará tu camino en la vida.

De hecho, una de las mejores maneras de mantener tu optimismo vivo es pensar en tus objetivos y metas. Cada vez que estés atrapado en un embotellamiento, piensa en ellos; cada vez que algo te preocupe o tengas un problema, piensa en ellos. En tu vida diaria, esfuérzate en pensar y hablar sobre lo que deseas y en cómo obtenerlo, esto te ayudará a ser cada vez más optimista y positivo.

Debes ser muy cuidadoso, te daré un ejemplo. A veces mi esposa Barbara y yo hablamos sobre algo que salió mal en el trabajo o las inversiones, y entonces ella me dice: "Oye, espera un minuto, ¿queremos más de esto en nuestra vida?", y yo le digo que no, y entonces dejamos de hablar del asunto.

A esto se le llama *interrupción de patrones*. Para dejar de hablar algo que te da vueltas en la cabeza, solo di la palabra *alto* en voz muy alta y verás que es como una bofetada que te obliga a abandonar ese patrón de pensamiento. Luego, reemplaza de inmediato el pensamiento y empieza a pensar en tus metas.

De hecho, una de las mejores maneras de mantener tu optimismo vivo es pensar en tus objetivos y metas. Cada vez que estés atrapado en un embotellamiento, piensa en ellos; cada vez que algo te preocupe o tengas un problema, piensa en ellos. En tu vida diaria, esfuérzate en pensar y hablar sobre lo que deseas y en cómo obtenerlo, esto te ayudará a ser cada vez más optimista y positivo.

2. La segunda clave para ser optimista es buscar lo bueno en todas las situaciones. Cada vez que algo salga mal o tengas un imprevisto, detente de inmediato y di: "Vaya, aquí hay algo bueno", analiza la situación y encuentra la parte positiva.

   Cada vez que busques lo bueno en una dificultad, lo verás aparecer. Es un poco como un interruptor de luz con atenuación que controlas de forma manual y te permite aumentar o disminuir la luz. Si la aumentas, la luz será muy brillante y, al contrario, si la disminuyes, será muy tenue.

   En nuestro cerebro también tenemos un interruptor de este tipo que controla nuestros pensamientos. Cuando aumentas la intensidad, eres positivo, creativo, feliz, vigoroso y muy simpático: eres la mejor persona posible. En cambio, cuando disminuyes la intensidad, te vuelves negativo, iracundo, temeroso y te sientes preocupado. Date a la tarea de mantener el interruptor encendido en la máxima intensidad siempre que puedas. ¿Cómo? Cada vez que piensas y hablas sobre lo que quieres, y cada vez que buscas lo bueno incluso en una mala situación, el interruptor aumenta la intensidad de la luz y tú te transformas en una persona positiva y creativa.

3. Busca la valiosa lección que conlleva cada problema que se presenta. La gente exitosa sabe que todo problema, dificultad, inconveniente u obstáculo contiene una lección valiosa que le puede ayudar a tener incluso más éxito en el futuro. Mi finado amigo Norman Vincent Peale, autor de *El poder del pensamiento positivo*, dijo en una ocasión: "Cuando Dios quiere enviarte un regalo, lo envuelve en un problema. Entre más grande es el regalo, más abrumadora es la envoltura".

Tal vez ahora sientas que en tu casa es la mañana de Navidad porque hay montones de regalos por todos los rincones, sin embargo, recuerda que los problemas y las dificultades siempre traen consigo un obsequio de algún tipo. Imagina que existe un gran poder en el universo que quiere que seas exitoso y feliz en el futuro. Este gran poder está al tanto de que tienes una naturaleza perversa porque no te gusta aprender tus lecciones sino hasta que te duelen, y por eso te las envía con cierta regularidad. Cada lección viene acompañada de algún dolor o pena que pueden ser físicos, económicos o emocionales: lo cierto es que nunca faltan las tribulaciones. Este dolor está diseñado para captar tu atención.

Cada vez que algo te cause dolor, ansiedad o angustia, pregúntate: "¿Cuál es la lección que debo aprender de esta situación? ¿Qué se supone que debo sacar de esto?". Si analizas lo que está pasando, siempre encontrarás una o varias lecciones. Las almas grandes son las que aprenden las lecciones más profundas a partir de los inconvenientes más insignificantes.

Algunas personas necesitan que le golpeen la cabeza varias veces antes de aprender la lección, pero hay otras que, en cuanto empiezan a sufrir, piensan: *Parece que se acerca una lección, me pregunto qué es lo que se supone que debo aprender.*

Lo más increíble es que, en cuanto empiezas a buscar la lección, el interruptor aumenta la intensidad al máximo y te transformas en una persona positiva. Cada vez que buscas la enseñanza en un problema, encuentras algo. A veces es algo que te ayuda a tener éxito. En ocasiones, incluso, cuando miras en retrospectiva, piensas: *Gracias al cielo que esto me sucedió antes porque me ayudó a aprender la lección que, hoy, me ha ayudado a triunfar y ser feliz.* Siempre toma la vía rápida y aprende tu lección lo antes posible.

Y no te olvides del principio del bumerán: si quieres influir en otras personas, ayúdales a buscar lo bueno cuando las cosas salgan mal. Si alguien atraviesa un momento difícil, dile: "¿Sabes? Siempre hay algo bueno en las dificultades, me pregunto qué será en este caso". Ayuda a otros a enfocarse en lo positivo. Cuando una persona enfrente un inconveniente o un revés de fortuna, explícale: "Cada problema trae consigo una o más lecciones, ¿cuál crees que sea la enseñanza en esta ocasión?". Trata de identificar con esa persona cuáles son las lecciones. En ambos casos le estarás ayudando a la gente a ponerse de nuevo en contacto con la realidad, a encender su luz al máximo, a ser positiva y creativa, y a aprovechar los beneficios que conlleva cada dificultad. Al mismo tiempo, tú también te volverás una persona más positiva y constructiva.

4. Alimenta tu mente con material positivo. Nutrir tu cerebro con materiales provechosos y alentadores como libros, audios, cursos, conversaciones positivas, seminarios y conferencias de gente inspiradora tiene una influencia fuera de lo común en tu mente. Todo esto te vuelve más feliz y positivo, te vigoriza y te inspira a hacer más en lugar de quedarte sentado contemplando las catástrofes que aparecen en la televisión o en internet.

TÚ ERES EL RESPONSABLE

Existe un antídoto muy simple para lidiar con el miedo, las dudas y la preocupación, y para ser más optimista: comprender que la negatividad solo surgirá si se culpa a otros. ¿Qué quiero decir con esto? Que solo se puede ser negativo respecto a una situación si se culpa a alguien más. Es decir, solo te enojarás y sentirás resentimiento si le transfieres la responsabilidad a alguien más. En cuanto dejas de culpar a otros, las emociones negativas desaparecen.

Para anular todas estas emociones, repite sin cesar la frase: *Yo soy el responsable*. Cada vez que lo hagas estarás cancelando el sentimiento negativo por una sencilla razón: no puedes aceptar la responsabilidad y sentir negatividad al mismo tiempo.

La frase *Yo soy el responsable* es muy poderosa. Yo invertí 4 mil horas y tres años de estudio en esta área de la psicología porque la relevancia de este concepto me abrumó. Toda la felicidad y el éxito en la vida provienen de las emociones positivas, pero si estas desaparecen, las negativas surgen de forma automática. Descuida, siempre puedes cancelar las emociones negativas diciendo: *Yo soy el responsable y no voy a culpar a nadie más. No soy una víctima. Las cosas salieron mal. No me voy a quejar, no voy a criticar ni a lloriquear, tampoco a lamentarme. No. Yo soy el responsable.*

Cada vez que dices la frase *Yo soy el, o la, responsable*, sientes una especie de poder en tu vida. Asumes el control de lo que te sucede, tu mente se apacigua y empiezas a tener una idea clara de qué hacer a continuación.

Todos los líderes se responsabilizan de sus acciones. Verás, casi todos los libros que hablan de cómo alcanzar el éxito, ya sea *Los principios del éxito* de Jack Canfield o *Los siete hábitos de la gente altamente efectiva* de Stephen Covey empiezan con algo como: "Asume la responsabilidad, deja de dar excusas. Decide qué quieres y ve tras ello".

La responsabilidad es esa línea que separa a la infancia de la adultez. Cuando eres niño, culpas a tus padres de tus problemas, los culpas por lo que hicieron o dejaron de hacer. Sin embargo, cuando creces y te vuelves adulto, como dice la Biblia: "Dejas a un lado las cosas de niño" (1 Corintios 13:11). Cuando te vuelves adulto cruzas la línea y dices: "Soy un adulto y seré responsable de lo que me suceda a partir de ahora". En ese momento, tu vida comienza a ser distinta.

Si amas y respetas a la gente que te rodea, anímala a aceptar su responsabilidad también. En mi empresa, siempre digo: "Aquí todos son el presidente de su propia corporación de servicios. Ustedes son responsables. Si algo sale mal, deberán hacerse cargo y resolverlo". Los empleados vienen a mi oficina y me dicen: "Tengo un problema, pero como sé que soy el presidente de mi propia empresa, propongo que hagamos lo siguiente…".

A mis hijos les digo lo mismo: "Siempre acepten su responsabilidad". Si se acercan a mí porque algo salió mal, les pregunto qué sucedió y ellos me explican: "Tengo tal problema, es una gran dificultad, pero yo soy el responsable, y esto es lo que aprendí…".

Desde que eran muy pequeños empezaron a hacerse responsables de sus actos y a aprender sus lecciones. A medida que fueron creciendo, su autoestima y su confianza en sí mismos aumentó; ahora saben que pueden lidiar con cualquier situación porque supieron asumir la responsabilidad y buscar las enseñanzas. Tú también puedes hacerlo.

Las emociones negativas te hacen sentir mal y dar por hecho que eres la víctima. En cambio, aceptar la responsabilidad te empodera y te da el control de tu persona y tu vida. Existe una relación directa entre aceptar la responsabilidad y la sensación de tener el control. Como ya lo mencioné, este control también se relaciona con las emociones positivas porque, en la medida en que uno se siente dueño de su vida, también se siente feliz respecto a sí mismo. Aceptar tu responsabilidad es lo que permite que te sientas a cargo y feliz.

Las afirmaciones positivas, es decir, las frases que te dices a ti mismo lleno de emoción, te sirven para gobernar tus emociones y para programarte para tener éxito en el futuro.

También te permiten desbloquear tu potencial a un nivel muy alto que jamás creíste posible. Las frases más poderosas para ayudarte a fortalecer tu confianza son: *Me agrado a mí mismo. Me agrado a mí mismo. Yo soy el responsable. Puedo hacerlo.*

En esas ocasiones en que te despiertas por la mañana y, en lugar de decir: "Buenos días, Dios", dices: "¡Ay, Dios! ¿qué tiene de bueno este día?", puedes cambiar tu actitud de inmediato. Solo empieza a repetirte: *Me agrado a mí mismo. Amo mi trabajo. Me simpatizo. Amo mi trabajo.* Poco después empezarás a sentirte bien y feliz. Tu cerebro comenzará a liberar endorfinas, es decir, la droga natural de la felicidad. Tu hígado liberará glucógeno, que es otra forma de energía. Todo esto te hará sentir vigorizado y listo para comenzar la jornada.

CINCO MANERAS DE TENER ACTITUD POSITIVA

Hay cinco maneras de fortalecer tu optimismo, la confianza en ti mismo y tu actitud mental positiva:

1. Diseña una visión emocionante de tu futuro ideal, haz de cuenta que nada te limita. El simple hecho de pensar en un futuro apasionante aumentará tu autoestima y mejorará la imagen que tienes de ti mismo. Imaginar una vida maravillosa te motivará y te hará sentir dichoso. Imagínate, visualízate ganando el doble de lo que ganas ahora. Luego hazlo con ganancias de tres, cinco y 10 veces más.

   Visualízate viviendo una vida inigualable en todos los aspectos. Consigue algunas de las revistas que lee la gente rica, como *The Robb Report* o *Architectural Digest*. En ellas encontrarás fotografías de casas hermosas, yates, aviones, relojes, ropa y centros vacacionales. Lee las revistas y di: *Puedo hacerlo, puedo hacer esto. Voy a hacerlo.*

   Visualízate en las fotografías de los anuncios, imagina que puedes vivir en una de esas casas, que puedes tomar vacaciones como esa gente, viajar en yates y usar ropa de diseñador. Entre más inundes tu mente con esas imágenes, más trabajará tu supraconsciencia en encontrar maneras de hacer tus sueños realidad.

2. Escribe tus planes y objetivos para el futuro, y trabaja en ellos todos los días. Earl Nightingale, el orador motivacional, decía: "La felicidad es la realización progresiva de un ideal digno de alcanzarse". Cuando percibes que estás avanzando hacia algo que te importa, te sientes feliz, poderoso y en control de tu vida. Lo que te genera esta motivación y sensación positiva, sin embargo, no es el hecho de llegar a ese destino, sino el movimiento y el impulso hacia adelante.

   Escribe tus objetivos usando las tres P: *positivo, presente* y *personal.* Es decir, para empezar, debes usar los verbos en tiempo presente, porque tu inconsciente no puede lidiar con otros tiempos verbales. Escribe la meta como si ya la hubieras alcanzado. Por ejemplo: "Gano X dólares al año", "Peso X kilos y ese es mi peso permanente". Di las cosas como si fueran un hecho. Esto establecerá una dinámica en tu inconsciente, y así tu supraconsciencia empezará a trabajar 24 horas al día para que esa nueva orden se vuelva realidad.

En segundo lugar, siempre afirma las metas en términos positivos. La mente supraconsciente no puede aceptar órdenes negativas, o sea, no puede decir: "No sigas siendo el obeso que eres". En lugar de eso, piensa: "Ahora peso X kilos de manera permanente". En lugar de decir "Ya no fumes", di: "Soy una persona sana y con buenos hábitos".

En tercer lugar, recuerda siempre hablar en primera persona. Usa el pronombre "yo" y un verbo de acción. ¿Por qué? Porque tú eres la única persona que puede usar la palabra "yo" al referirse a sí mismo. Cada vez que lo hagas, tu inconsciente reconocerá que se trata de una orden que viene de la autoridad máxima: *Yo* gano, *yo* vendo, *yo* logro, *yo* dirijo, *yo* alcanzo. Cada vez que usas *Yo* y un verbo de acción, ejerces un fuerte impacto en tu comportamiento y lo modificas.

Otra manera de hacer que tus objetivos y metas trabajen a tu favor es escribiendo y reescribiéndolos cada mañana en un cuaderno, pero siempre haciendo uso de las tres P: positivos, personales, presentes. También puedes escribir cada meta en letras grandes en tarjetas bibliográficas y leerlas con regularidad a lo largo del día. Lee una tarjeta, cierra los ojos e imagina que el objetivo se ha vuelto realidad. Lleva contigo las tarjetas todo el tiempo y, cada vez que tengas un minuto libre, sácalas y lee tus metas. En cada ocasión, tu inconsciente fotografiará la orden y la incrustará más en el fondo de tu ser.

Por último, cuando escribas y reescribas las metas, trata de recrear en tu interior el sentimiento que experimentarías al alcanzarlas y verlas hacerse realidad. Es decir, si intuyes que te sentirás orgulloso, imagínate sintiéndote orgulloso. Si intuyes que te sentirías confiado, amado, bien recibido, simpático... imagínate así. No importa cuál sea el sentimiento, siempre puedes vincularlo a la meta u objetivo. En conjunto causarán un impacto mucho más fuerte en tu inconsciente y en la mente supraconsciente. Y, claro, verás los resultados más pronto.

3. Decide ser el mejor en tu empleo. Decide formar parte del 10% en la cima, haz de esto una meta. Nunca lo lograrás a menos de que tomes la decisión de hacerlo. Cuando doy conferencias, le pregunto a la gente: "¿Cuántos de ustedes han decidido ser mediocres en su carrera?", y nadie levanta la mano. Luego les explico lo siguiente: "¿Saben que en su cerebro hay un mecanismo automático que, si no deciden ser excelentes, los condena por defecto a la mediocridad?".

Entonces la gente entra en shock, y se inicia este diálogo:

—Yo quiero ser bueno en mi empleo —dicen.

—Sí, pero ¿ya lo *decidiste*? ¿Lo escribiste en algún lugar? ¿Lo estableciste como meta? ¿Trabajas en ello todos los días? ¿Te evalúas de manera constante y les pides a otros retroalimentación para averiguar qué tan bien lo estás haciendo? —les pregunto.

—No, no hago nada de eso, pero quiero ser bueno en mi trabajo.

Permíteme decirte algo: eso no basta. Si quieres estar en el 10% en la cima, tienes que ser clarísimo al respecto y debes trabajar hasta el cansancio y no parar hasta lograrlo.

La buena noticia es que, cada vez que des un paso para ser mejor en tu ámbito de trabajo, aumentará tu autoestima y la confianza en ti mismo, desbloquearás ideas y energía para lograr tus metas, te sentirás motivado a ganarte el respeto, la estimación y la admiración de quienes te rodean. La recompensa radica en llegar a tu destino, pero, sobre todo, en el viaje.

Ahora te haré una pregunta: si fueras excelente en ella, ¿qué habilidad te ayudaría más a unirte al 10% en la cima de tu industria? Cualquiera que sea esa habilidad, escríbela y haz una lista de todo lo que podrías hacer para desarrollarla. Luego trabaja todos los días en ello.

Recuerda que la compañera de la autoestima es la eficiencia. Cuando te comprometes a ser excelente, a llegar a ser muy competente en lo que haces, te simpatizas más y tienes un mejor desempeño en todas las áreas.

4. Lidia de manera eficaz con los problemas y los obstáculos. La vida es una serie interminable de dificultades, son como las olas del mar que no dejan de romper en la playa. Henry Kissinger dijo: "Lo único que consigues cuando resuelves problemas es la autoridad necesaria para resolver problemas aún más complejos". Tu capacidad de lidiar de manera eficaz con los obstáculos que se presenten es la clave del poder personal, de la autoestima y de la confianza en ti mismo. No importa a qué te enfrentes, siempre empieza diciéndote: *Yo soy el o la responsable*. Asume el control y enfócate en la solución en lugar

de en el problema, es decir, piensa en lo que se puede hacer en lugar de obsesionarte con lo que sucedió. Piensa de manera positiva en las acciones que puedes iniciar de inmediato para resolver la situación. Al parecer, hay una relación directa entre las acciones positivas y constructivas, y la confianza en uno mismo.

5. Mantente ocupado todo el día haciéndote cargo de tus metas. Decide hoy mismo que iniciarás un periodo de 21 días de actitud mental positiva. Piensa que para desarrollar un hábito nuevo con un nivel mediano de complejidad se necesitan 21 días. Si te pones "a régimen" de actitud mental positiva, asumirás el control total de tu presente y tu futuro. Durante este periodo proponte pensar y hablar sobre lo que deseas. Di: "De acuerdo, después de 21 días, podré volver a lo de antes, pero durante este tiempo solo hablaré de lo que quiero en la vida. Solo pensaré en las acciones que puedo poner en marcha para lograr lo que me he propuesto". Y mientras tanto, también niégate a criticar, quejarte o a culpar a otros de cualquier cosa. Solo niégate a hacerlo.

Si llevas a cabo estos pasos, en 21 días te habrás programado de por vida. Habrás establecido en tu cerebro toda una serie de surcos neuronales que te permitirán pensar de forma positiva todo el tiempo. Sucederá de una manera sencilla y automática. El poeta y filósofo alemán Goethe decía: "Todo es difícil antes de volverse sencillo".

¿Es fácil volverse una persona positiva, enfocada en avanzar y con un alto nivel de energía? No. Sin embargo, puedes aprender a hacerlo a través de la práctica y la repetición. Tus nuevos hábitos para pensar y actuar de manera positiva se volverán automáticos. En la mañana te despertarás agradándote a ti mismo y amando tu trabajo. A lo largo del día pensarás: *Puedo hacerlo. Puedo hacer cualquier cosa en la que me concentre.* Cada vez que se presente una dificultad, pensarás: *Yo soy el responsable. Estoy a cargo de mi vida.* En resumen, serás una persona positiva y controlarás tu mente y tus emociones por completo.

Capítulo 4

Cómo influir en otras personas

Los pasos fundamentales del plan fénix tienen que ver contigo: con que asumas el poder de tu mente, determines qué quieres en la vida y dirijas tu atención a ello. Ahora nos enfocaremos en otro elemento esencial del éxito: las otras personas.

Aproximadamente 85% de tu éxito lo determinará tu capacidad de comunicarte de manera eficaz con otros. Casi todo lo que logres estará relacionado de alguna manera con otras personas. Tu felicidad y resultados dependen 85% de la gente y, por lo tanto, la calidad en tu forma de comunicarte definirá tus relaciones de todo tipo y tu nivel de vida. La buena noticia es que la comunicación es una habilidad que se puede aprender y en la que se puede mejorar con la práctica.

CINCO METAS PARA TUS INTERACCIONES

A continuación encontrarás las cinco metas más importantes en tus interacciones con otros:

1. Lo que buscas es que la gente te respete, agradarle para que te ayude a reforzar y validar la imagen que tengas de ti mismo. Lo que los otros sienten y piensan respeto a nosotros afecta en gran medida la manera en que nos percibimos y cuánto nos agradamos. Todo depende también de las ideas que tengamos respecto a cómo nos ven los otros. Si pensamos que la gente nos respeta y que le simpatizamos, nos respetaremos más, realizaremos un mejor trabajo, obtendremos mejores resultados y nos llevaremos mejor con ella.

2. Para fortalecer tu autoestima y la noción que tienes de tu valor, es importante que la gente sienta que eres valioso e importante. Nuestra autoestima es tan frágil como un trozo de vidrio veneciano. La gente puede fortalecerla o debilitarla con lo que haga o deje de hacer, con lo que diga o no diga. Lo que buscamos es que otros la validen, que nos hagan sentir valiosos.

3. Para vender nuestros productos, servicios e ideas a otros, necesitamos convencerlos de opinar como nosotros.

   ¿Por qué tu habilidad de persuadir a otros es indicador de que tienes una personalidad bien integrada? La gente con gran personalidad suele ser persuasiva, en tanto que la gente con perfil bajo no sabe convencer.

   Si trabajas en ventas o eres una persona de negocios, es esencial que tengas la habilidad de persuadir a otros. Es fundamental para que logres que los bancos te presten dinero, para que los clientes compren tu producto y los proveedores te den crédito.

4. Necesitas lograr que la gente cambie de opinión y coopere contigo, que te ayude a alcanzar tus metas.

5. Necesitas ser asertivo y eficaz en todas tus relaciones, ya sean personales o profesionales.

Todas estas claves también pueden aplicarse para tener éxito en la vida, el amor y el liderazgo.

INTELIGENCIA EMOCIONAL

En 1995 el psicólogo Daniel Goleman publicó el innovador *best-seller Inteligencia emocional*. En él argumentó que el coeficiente emocional (CE), es decir, el nivel de tu inteligencia emocional, era más importante que el coeficiente intelectual (CI). Llegó a la conclusión de que la habilidad de persuadir a otros era la forma más sofisticada de inteligencia emocional que se podía desarrollar, y que representaba la verdadera medida de cuán eficaz era uno como persona.

Pero entonces, ¿cómo transmitir tus ideas, lograr que la gente coopere contigo y desarrollar las capacidades necesarias para influir, persuadir y comunicarse con otros? Lo primero que debes entender es que la gente hace cosas por razones que le conciernen de manera personal, no por ti. Para comunicarte con eficacia debes averiguar cuáles son esas razones.

La siguiente clave es salir de ti mismo y entrar en la mente, el corazón y el contexto de la otra persona. Enfócate en sus necesidades y deseos en lugar de en los tuyos. Mi amigo Ed Foreman solía decir: "Si puedes ver al señor Joe Jones a través de la mirada de Joe Jones, le podrás vender las cosas que Joe Jones suele comprar". Trata todo el tiempo de ver la situación a través de la perspectiva de la otra persona.

Antes de participar en una negociación o venta importante, yo solía sentarme y escribir una lista de todas las cosas que la otra persona deseaba o necesitaba lograr en esa negociación. Después de eso, regresaba y preguntaba de qué manera podía estructurar mi oferta o presentación para que atendiera a dichas necesidades. Cada vez que lo hacía, obtenía resultados fabulosos. Empieza pensando en la otra persona, te sorprenderá lo mucho que mejorarás como comunicador.

La tercera manera de persuadir a otros consiste en recordar que solo puedes hacerlo si estás convencido de que puedes hacer algo por ellos, o si ellos creen que puedes evitar que algo malo les suceda. Dicho de otra forma, la gente es bastante egoísta. En cuanto los otros te ven, piensan: *¿Qué puede hacer esta persona por mí o para mí?* o *¿Qué puede impedir esta persona que me hagan otros?*

A la gente la motivan dos factores principales. En primer lugar, el deseo de ganar u obtener algo. Todos quieren más. A lo largo de 6 mil años de historia, desde que se fundaron los primeros mercados en la antigua Sumeria, los clientes solo han comprado una cosa: mejoramiento. Compran esto porque sienten que, en cuanto lo tengan, su situación mejorará. Las personas desean beneficios físicos, materiales, financieros o emocionales. Orgullo, seguridad, tranquilidad, riqueza, valor, crecimiento, ganancias.

La segunda motivación es el miedo a la pérdida. Puede tratarse de un peligro o pérdida física, de inseguridad, pérdida material o financiera, emocional, amorosa, de afecto o respeto. Estas dos fuerzas compiten en la mente de toda la gente con la que te comunicas y, en ambos casos, tu trabajo consistirá en persuadirla de que, si coopera contigo, su situación mejorará.

Te diré algo: en el contexto de lo que motiva al comportamiento humano, el miedo a la pérdida es 2.5 veces más poderoso que el deseo de obtener beneficios. Si vas a presentar un producto o servicio, muéstrale al prospecto de qué manera se beneficiaría si lo adquiere, pero también háblale de las pérdidas que sufriría si no lo hace. Desencadena ambas motivaciones: el deseo de obtener beneficios y el miedo a la pérdida.

Todo depende de la percepción. La manera en que la gente te perciba, es decir, si nota que puedes ayudarle o lastimarla de alguna manera, definirá en gran medida cómo te tratará. Por ejemplo, quizás hables con alguien y tengas la sensación de que esa persona no podría hacer nada, ni para ayudarte ni para lastimarte, es decir, que es irrelevante. Pero entonces alguien se acerca y dice: "Ah, por cierto, ¿ya conoces a fulanito? Es un cliente potencial. Podría adquirir un millón de dólares de tu producto. En este momento está explorando el mercado y le urge hacer una compra". Y de pronto tu percepción respecto a esa persona se transforma.

Todo comportamiento humano se basa en el factor de la oportunidad, es decir, la gente siempre se esfuerza por obtener las cosas que desea de la manera más rápida y sencilla posible, sin preocuparse en verdad de las consecuencias de sus actos a largo plazo. Dicho de otra forma, la gente es floja, codiciosa e impaciente.

Todos quieren algo y lo quieren ahora. A veces lo quieren "para ayer", y las implicaciones a largo plazo no les interesan en absoluto. Una de las cualidades que más les cuesta a los padres desarrollar en sus hijos es la capacidad de mirar a largo plazo, es decir, considerar qué implicaciones tendrá en el futuro lo que hagan en el presente. La gente dice: "Quiero una rebanada de pastel de queso", pero nunca considera cuánto tiempo tendrá que hacer ejercicio para deshacerse del tejido adiposo que desarrollará por culpa de ese antojo.

Lo que más motiva a la gente es encontrar maneras rápidas, fáciles e indoloras de obtener lo que desea. Por esta razón, tu misión consistirá en hacer que tu idea o propuesta parezca la manera más inmediata y fácil de que tu prospecto cumpla sus metas personales y de negocios. Si no le puedes mostrar que la manera más sencilla y rápida de llegar adonde desea consiste en hacer lo que le propones, entonces tal vez no debas esperar que acepte tus recomendaciones.

CUATRO CLAVES PARA LA PERSUASIÓN

Existen cuatro claves para la persuasión, les llamamos las cuatro "P". La primera es el *poder personal*. Entre más vea la gente que tienes poder sobre otros, sobre el dinero o los recursos, más fácil será persuadirla. Si el presidente de Estados Unidos se acercara a ti y te pidiera que hicieras algo, estarías mucho más dispuesto a hacerlo que si te lo pidiera un mesero. Esto sucede porque todos percibimos el poder personal que tiene el presidente sobre la gente, el dinero y los recursos.

La segunda clave de la persuasión radica en el *posicionamiento*, es decir, en la manera en que la gente piensa y habla sobre ti, en la reputación que tengas entre aquellos a quienes tratas de persuadir. Cuando tienes una excelente reputación porque eres una persona competente, generosa, honesta o adinerada, o porque eres experto en tu área, tu influencia es mucho mayor.

La tercera clave de la persuasión consiste en el *poder del desempeño*, es decir, en las habilidades y capacidades que tengas en tu ámbito de trabajo. Contar con una buena reputación porque posees experiencia y conocimientos te permite persuadir a otros y convencerlos de adoptar tu punto de vista con más facilidad que si sintieran que, en realidad, no sabes mucho más que ellos.

La cuarta clave radica en convertirte en *persona grata*. Con esto me refiero a que seas amable, bien educado, cortés y respetuoso siempre que trates con otros. La necesidad más profunda que tiene la gente es, quizá, la de sentirse importante y valiosa, y si tú logras satisfacer este anhelo, las personas serán mucho más receptivas a tu persuasión y a tus intentos por comunicarte.

De acuerdo con la psicología, el factor de influencia más poderoso radica en el agrado. Entre más le agrades a la gente, más abierta se mostrará a dejarse persuadir e influir por ti. Esta es la clave de una comunicación eficaz.

CÓMO HACER QUE LA GENTE SE SIENTA IMPORTANTE

Como ya lo mencioné, la herramienta más simple de la comunicación radica en lograr que la gente se sienta importante.

Existen cinco maneras de lograrlo, y siempre digo que se trata de las cinco "A".

La primera "A" es para *aceptación*. La práctica de la aceptación satisface una necesidad profunda e inconsciente. Toda persona necesita sentirse aceptada por quienes la rodean, ya sea en su ambiente de trabajo, en el hogar o entre la gente nueva que conoce. Todos lo esperan. Siempre que dos personas se conocen, lo primero que se establece es cierto nivel de aceptación.

Uno expresa que acepta a otros de una manera muy sencilla: sonríes y actúas como si te diera gusto verlos. Cuando no he ido a la oficina en una o dos semanas, y luego llego, lo primero que hago es visitar a cada persona en su lugar, como un colibrí que va de flor en flor. Le sonrío a cada colaborador y le digo: "¿Cómo estás? Qué placer verte, me da gusto estar de vuelta". Saludo a todos de manera individual, les doy su lugar y les digo que son parte importante de nuestra empresa. Tú puedes hacer lo mismo.

Por cierto, cada vez que veas a un miembro de tu familia, como tu esposa, tu hijo o hija, sonríe y di: "¡Vaya! ¡Pero si eres tú!". Es decir, muéstrales que estás feliz de verlos. Esta actitud tendrá un impacto sumamente positivo, los hará sentir importantes, y servirá para que se muestren más receptivos a tu influencia.

La segunda "A" es de *aprecio*. Es muy sencillo expresar aprecio, solo agradécele a la gente todo lo que haga por ti, no importa si es algo notable o simple, solo agradece siempre. Cuando un mesero te traiga un vaso de agua, di gracias. Si alguien se hace a un lado para permitirte pasar, di gracias. Cuando alguien escriba una carta por ti o te acompañe hasta la sala de juntas para reunirte con un cliente, di gracias.

Entre más digas "gracias", más aumentarás la autoestima de la otra persona. Ayudarás a los otros a sentirse más valiosos e importantes, a agradarse más a sí mismos. Los verás brillar y notarás que tú también les simpatizas más. Créeme, decir "gracias" nunca sale de sobra.

Yo he viajado a muchos países del mundo y, por eso, en una ocasión un amigo me escribió para decirme que iría al Lejano Oriente. Me preguntó si podría darle algún consejo sobre cómo desenvolverse de manera adecuada. Solo le dije: "Recuerda que toda la gente con la que tratarás gana menos que tú, muchísimo menos de lo que te imaginas. En realidad, no tienen bienes, lo único de valor que poseen es ellos mismos, así que, si reconoces ese hecho, tendrás un viaje glorioso. ¿Cómo reconocerlo? Diciendo *por favor* y *gracias* en el idioma del país. Cada vez que interactúes con alguien, sonríe y di *por favor* y *gracias*. Si te hacen un favor o tienen una atención, solo expresa tu gratitud. Tu viaje será extraordinario.

Dos meses después, mi amigo me escribió para decirme que mi consejo era el mejor que había recibido en la vida. No podía creerlo. Adondequiera que fue, incluso cuando se encontró con personas reservadas o poco amigables, cada vez que dijo *por favor* y *gracias*, obtuvo todo lo que necesitaba o quería. Le dieron mejores habitaciones de hotel, mejores mesas en los restaurantes, en fin... Y lo único que hizo fue hacer a la gente sentirse importante.

La tercera "A" es de *admiración*. Siempre que hables de los rasgos, logros y posesiones de otras personas, haz halagos sinceros. A todos les agradan los halagos porque hacen a la gente sentirse importante y valiosa.

Las personas invierten mucho en el aspecto emocional en distintos aspectos de su vida. Si alguien es puntual, por ejemplo, di: "¿Sabes? Eres la persona más puntual de la empresa". Si alguien más es persistente, di: "¡Vaya! ¡Qué persistente eres! Nunca te das por vencido". Las personas se sienten muy orgullosas de sus rasgos de carácter, tal vez porque es algo que toma mucho tiempo desarrollar. Si alguien logra algo, si se gradúa de la universidad, termina una carrera u obtiene un certificado, admíralo y di: "¡Vaya, genial! Debes estar muy orgulloso de tu logro. Seguramente implicó mucho esfuerzo". La gente que haya invertido una gran cantidad de horas para lograr algo se sentirá en verdad muy feliz respecto a sí misma.

Por último, las pertenencias, y en especial, las prendas. Cuando halagues a alguien por cómo luce su cabello o por su ropa, por ejemplo, a un hombre por su camisa o zapatos, y a una mujer por su vestido, bolso o peinado, notarás un brillo en su mirada. Es porque se sentirán valiosos. Su autoestima aumentará, se agradarán más a sí mismos y se sentirán más contentos cuando estés cerca. Reconocer y señalar algo que amerita un halago solo te tomará unos segundos.

La cuarta "A" es de *aprobación*. Uno expresa su aprobación cuando alaba los logros, ya sean modestos o enormes. De acuerdo con la psicología, la autoestima es el grado al que una persona se siente digna de ser halagada. Cuando alabas a alguien porque hizo un buen trabajo, por resultados que obtuvo o por cualquier otra cosa que le haya exigido un esfuerzo, lo haces sentirse satisfecho de sí mismo, y su autoestima aumenta.

La clave radica en ser oportuno y específico al hacer el cumplido. Si una secretaria mecanografía una carta, no le digas:

"Eres una excelente secretaria", sino: "Qué carta tan profesional", y hazlo en cuanto termine de hacerla. Trata de que tus cumplidos sean inmediatos porque, entre menos tiempo pase después de la acción, más probable será que la persona repita el comportamiento.

Los halagos tardíos o aplazados tienen muy poco impacto en las emociones y el comportamiento de las personas. Si esperas una semana o un mes para hacer un cumplido, será muy tarde. Para ese momento, la persona habrá olvidado el contexto y solo se sentirá confundida. Haz los cumplidos de inmediato. Cada vez que me entero de que alguien hizo algo digno de celebrarse, le llamo por teléfono, o envío un correo electrónico o un mensaje de texto.

La última "A" es de *atención*. Con esto me refiero a escuchar a la gente cuando habla. Es una técnica muy poderosa. Cuando escuchas a los otros, los ayudas a sentirse bien respecto a sí mismos. Se sienten valiosos e importantes, y, al igual que las flores, se abren a tu influencia y se dejan persuadir de lo que quieras.

Todos estos comportamientos aumentan la autoestima de la otra persona; la sensibilizan respecto a tus ideas y a la posibilidad de ayudarte a alcanzar tus metas.

LA MAGIA BLANCA DE ESCUCHAR

La clave del liderazgo, la persuasión y la buena comunicación radica en escuchar con eficacia. Es algo tan poderoso, que parece magia blanca, y por eso debes conocer las cuatro claves para ser un excelente escucha:

1. Escucha con atención, inclínate hacia el frente y no interrumpas a las personas. Cuando escuchas con atención, aumentas la autoestima de la otra persona y la haces sentir importante, feliz y valiosa. Su cerebro empieza a liberar endorfinas, y eso hace que le alegre estar cerca de ti. Escuchar con eficacia y sin interrumpir puede ayudarte a lograr grandes cosas.

   Siempre que escuches a alguien más, imagina que tus ojos son como lámparas solares y que quieres darle a tu interlocutor un bronceado facial. Entre más te concentres en escuchar, más poderosas serán las lámparas de tus ojos, y mejor será el bronceado. Recuerda que deberás cubrir todas las superficies, es decir, presta atención a la parte superior e inferior del rostro, mira la boca y los ojos de la persona. Asiente y sonríe. Esto tendrá un enorme impacto en quien habla, lo hará sentirse bien respecto a sí mismo, pero también servirá para que le agrades más.

2. Haz una pausa antes de contestar. Es decir, cuando tu interlocutor se detenga un momento para respirar, no empieces a hablar de inmediato, permite que haya silencios en la conversación.

   Esto te dará tres ventajas. En primer lugar, evitarás el riesgo de interrumpir a la persona si, acaso, solo se detuvo para reorganizar sus pensamientos. En segundo lugar, podrás escuchar a un nivel más profundo. Cuando te detienes un instante y, en lugar de solo saltar a la conversación, escuchas con atención, en realidad entiendes mucho mejor lo que dice la otra persona. La tercera ventaja es que hacer pausas le indica a la otra persona que consideras que sus palabras son importantes y, por extensión, que la consideras valiosa.

3. Preguntas para clarificar. Nunca des por sentado que sabes lo que quiso decir la otra persona. Si tienes alguna duda, di: "Y, exactamente, ¿a qué te refieres?". Siempre que hagas esta pregunta, la otra persona explicará un poco más lo que acaba de decir. Después de eso haz otra pausa y añade: "¿Qué quieres decir con eso?". Una vez más, la persona se extenderá y hablará más. En ocasiones, puedes pasar toda una conversación repitiendo esta pregunta.

Otra cosa que puedes preguntar es: "¿Y luego qué hiciste?". Si la persona te está contando algo que sucedió, en algún momento hará una pausa para ver si en verdad estás interesado. Entonces di: "¿Y luego qué hiciste?", y escucha con atención la respuesta.

La tercera pregunta es: "¿Cómo te sentiste al respecto?". La gente siempre responderá a una pregunta sobre sus sentimientos. Es decir, cuando preguntas: "¿Cómo te sientes hoy?", siempre recibirás una respuesta, así que puedes preguntar: "¿Qué sientes respecto al trato?" o "¿Cómo te sientes en tu nuevo vecindario?". Como es seguro que tu interlocutor responda, tendrás la oportunidad de asentir y escuchar.

La persona que hace las preguntas tiene control sobre la que responde, por lo que, entre más preguntas hagas, más control tendrás sobre la conversación.

4. Da retroalimentación sobre lo que escuchaste y parafraséalo. Esta es la prueba de fuego para quien escucha. Cuando tu interlocutor termine de hablar, di: "Déjame ver si entiendo lo que estás diciendo" u "O sea, me estás diciendo que…". Parafrasea sus comentarios hasta que te diga: "Sí, eso es. Eso es lo que me preocupa. Eso es lo que trataba de decir".

Esto le probará a la otra persona que en verdad estabas escuchando, que no eres uno de esos perritos de adorno que pones en el tablero del automóvil, a los que se les mueve la cabeza de arriba abajo con un resorte. Estás escuchando con atención lo que dice tu interlocutor, y eso le prueba que te importa lo que diga, y él o ella como persona.

CREDIBILIDAD

El término más importante en lo que se refiere a la persuasión, la influencia y la comunicación eficaz es *credibilidad*. ¿Qué tanto le agradas a una persona? ¿Hasta qué punto confía en ti y cree en lo que le dices? Todo depende de tu credibilidad y, en este sentido, debes recordar que *todo cuenta*. Es decir, todo puede ayudar o lastimar, todo le suma o le resta a tu credibilidad, la gente no ignora ni deja pasar nada por alto.

La clave para que confíen en ti radica en ser una persona digna de confianza, así que cumple tus promesas. Haz lo que dijiste que harías, llega a tus reuniones con puntualidad y créate la reputación de una persona honesta y confiable. La gente le comprará y le pagará más a una empresa confiable, que a una que ofrece productos o servicios mejores y más baratos, pero que no es digna de confianza.

VÍSTETE PARA TRIUNFAR

Para comunicarte con eficacia con las otras personas, también debes lucir como un ganador. Alrededor de 95% del impacto en el pensamiento de la gente lo causa el aspecto visual, es decir, los otros piensan en ti como si te vieran en fotografía, y solo toma cuatro segundos causar una primera impresión. Cuando conoces a una persona, te mira y toma una especie de fotografía instantánea mental. Parpadea, y en su mente se plasma la primera impresión. Solo son necesarios 30 segundos para que esta impresión se grabe.

Dicho de otra forma, en cuanto la otra persona se crea una primera impresión de ti, te observa y, en su mente, la imagen se empieza a grabar como si fuera concreto secándose a toda velocidad. Si no cambias esta impresión en los primeros 30 segundos, se fijará en la mente. Una vez que la impresión se grabe, la persona llevará a cabo una acción que se llama *percepción selectiva*, la cual consiste en buscar razones para justificar y validar la impresión. Es decir, buscará datos que le ayuden a confirmar lo que ya decidió y, al mismo tiempo, rechazará toda la información que lo contradiga.

Insisto, vístete para triunfar. Tu ropa equivale a 95% de la primera impresión que causes en otros. Incluso los días calurosos, la ropa cubre 95% de tu cuerpo.

Cuando yo era un joven vendedor, me compré un traje barato que no me quedaba bien. También compré una corbata, pero, como en mi familia nunca nadie usó esta prenda, no sabía nada al respecto.

Un día, un vendedor de mayor edad me llevó a un lugar apartado para hablar conmigo a solas.

—Disculpa, Brian, ¿podría hacerte una recomendación sobre tu forma de vestir? —dijo con mucho tiento porque la mayoría de la gente es muy sensible respecto a su ropa y arreglo personal.

—Por supuesto, ¿ve usted algo que pueda yo mejorar? —le pregunté.

—Sí. Permíteme hablarte un poco sobre las reglas para vestir de forma correcta en los negocios —contestó.

Entonces el vendedor me empezó a hablar sobre la caída de un traje, el corte y las costuras, luego me dijo cómo combinar una corbata con el traje y la camisa, me habló del largo de los pantalones y del color de los calcetines y los zapatos. Yo estaba anonadado, no podía creer toda la información que había al respecto. Poco después, el vendedor me presentó a un sastre de precios moderados, y encargué mi primer traje a la medida. En un estudio que apareció en la revista *Psychology Today*, la gente que vio durante tres segundos imágenes de hombres usando trajes hechos a la medida, los describió como "más confiados, exitosos y flexibles", y también mencionó que parecían ganar más que los hombres que vestían trajes genéricos.

La diferencia entre el traje común y corriente que tenía y el que me hicieron a la medida era asombrosa. Después de eso, fui a una librería, compré todos los libros que pude sobre el tema de cómo vestir adecuadamente, y también les pedí consejo a expertos en el tema. Ahora, cada vez que doy un seminario, la gente se acerca y me dice: "¿Sabe? Soy asesor de imagen y cobro entre 500 y mil dólares diarios por asesorar a la gente respecto a cómo vestirse, y usted lo hace de manera impecable". Vestir de la mejor manera posible te permite crear una tremenda impresión en la gente.

La vestimenta también es importante para las mujeres de negocios, a tal punto que alguien fundó una organización internacional sin fines de lucro llamada Dress for Success, en honor al famoso *best-seller* de John Molloy. Esta organización tiene como objetivo empoderar a las mujeres y ayudarlas "a alcanzar la independencia económica a través de una red de apoyo, vestimenta profesional y herramientas de desarrollo que les permitirán prosperar en la vida y en lo profesional".

Consigue y lee libros y artículos sobre cómo vestir bien, de acuerdo con tu negocio u ocupación. Hay algunas prendas, colores y combinaciones que de inmediato provocan que la gente se ponga de pie y te admire. Otros hacen que te miren con desprecio y desconfianza.

Fíjate en la gente más exitosa y respetada a tu alrededor, y conviértela en tu modelo. Copia la manera en que se viste y se arregla. También te sugiero que leas revistas de negocios. Fíjate en las páginas donde aparecen las fotografías de gente que acaba de obtener puestos de mayor responsabilidad y relevancia. Observa cómo visten. Constatarás que, tanto hombres como mujeres, lucen espectaculares.

El paso vertiginoso de nuestros tiempos ha tenido un efecto en los estándares de vestimenta. En décadas recientes, muchas profesiones se han ido alejando del traje común y la corbata para los hombres, y han permitido que los empleados vistan de manera más casual. Para los hombres esto significa pantalones holgados; zapatos de vestir, es decir, que no sean de lona; camisas de cuello sin corbata, y chaquetas deportivas. En el caso de las mujeres, por lo general se lleva blusa, falda o pantalón de vestir, y zapatos con tacones cómodos o planos. Por supuesto, los estilos pueden variar muchísimo entre las distintas industrias y profesiones, por lo que tendrás que observar a la gente que admiras y tratar de captar algunas pistas en la forma en que viste.

De ahora en adelante, siempre vístete para el empleo que desees tener. Viste de tal manera que tu jefe se sienta orgulloso de presentarte a los clientes o a cualquier persona que visite la empresa. Siempre viste pensando en que te encuentras en una etapa de tu vida más tardía de en la que estás ahora. Haz que la gente a la que admiras se convierta en tu modelo: copia su forma de vestir y de arreglarse. Recuerda que las aves del mismo plumaje vuelan juntas, y que los ejecutivos solo ascienden de puesto a quienes lucen como ellos.

Venderle algo a alguien en realidad es como darle un consejo, así que vístete como se vestiría alguien con autoridad para sugerirle qué hacer: como su banquero, abogado o contador. La preparación es un elemento muy poderoso para comunicarse y fortalecer la credibilidad.

PREPARACIÓN Y CONFIABILIDAD

Antes de cada reunión, haz la tarea. La gente siempre se da cuenta de inmediato si estás bien preparado para una junta o presentación. Por eso, cuando entras a una sala y dices: "Muchas gracias por su tiempo, me tomé unos minutos para estudiar su sitio de internet. Me asombró ver que llevan 12 años en el negocio, que tienen 127 empleados y que son el mayor distribuidor en el mercado de este producto o servicio. ¿Cómo lo lograron?", tu credibilidad aumenta de inmediato.

Vaya, tu credibilidad puede dispararse hasta el cielo porque la gente dirá: "¿Cómo? ¿Realizó una investigación, analizó nuestro sitio y aprendió algo de nosotros antes de que viniéramos?". Recuerda que la información es una de las armas más poderosas para vender y persuadir.

Por otra parte, si no estás preparado, la gente también se da cuenta de inmediato. Si llegas y dices: "Bueno, ¿y a qué vinieron? ¿Cuánto tiempo llevan en este negocio? ¿A qué se dedica su empresa?", tu credibilidad se desmoronará. Pero no te preocupes, yo solía empezar mis juntas así cuando era joven.

Una regla esencial de la preparación para una reunión es no hacerle a tu interlocutor ninguna pregunta cuya respuesta se pueda encontrar con facilidad en algún lugar. Dale Carnegie, autor de *El poder del pensamiento positivo*, solía decir que tienes que ganarte el derecho de acudir a un cliente, y que ese derecho se gana haciendo la tarea antes de reunirte con él o ella.

En los negocios, siempre que quieras influir en alguien tendrás que recurrir al principio de la oportunidad. La gente puede comprar o negarse a comprar, todo depende de si llega a la conclusión de que, en efecto, la que le ofreces es la manera más rápida y eficaz de obtener lo que desea en ese instante.

La simpatía es el factor más importante para la comunicación eficaz en los negocios. Entre más le agrades a la gente, más abierta estará a comprarte. La credibilidad y la confianza son las razones más poderosas para dejarse persuadir por otra persona, así que siempre piensa de qué manera podrías ser más creíble y digno, o digna, de confianza.

Alguien dijo por ahí que la habilidad más valiosa en el ámbito de los negocios era la confiabilidad y, en este caso, si quieres influir en la gente y que confíe en ti, necesitarás pruebas. Con esto quiero decir que te mantengas en contacto con quienes ya aceptaron tus ideas o tu producto, y están satisfechos.

Existe un concepto que influye muchísimo en la forma en que tomamos decisiones, se llama *los otros similares*, o sea, personas que se parecen a nosotros. Cuando le hagas una llamada de ventas a un médico, deberás decir: "Muchos otros médicos ya están usando este producto y obteniendo excelentes resultados". Esto aumentará de inmediato tu credibilidad y hará que el médico se sienta dispuesto a conocer más sobre lo que le ofreces. Si hablas con un conductor de camiones de transporte de productos, deberás decirle que muchos otros como él ahora usan el producto por tal razón. Si hablas con un agente de bienes raíces, hazle saber que otros agentes siempre usan lo que le estás ofreciendo a él ahora.

En otras palabras, cada vez que hables con alguien deberás hacer referencia a otra persona de su industria y ramo, que también use tu producto. Trata de obtener cartas de los clientes satisfechos, consigue listas de nombres de gente en ámbitos similares, y también fotografías de gente que use tu producto o servicio en un campo similar.

Puedes crear el deseo de compra enfocándote en los beneficios y tratando siempre de responder a esta pregunta: "¿Y yo qué obtengo con esto?". Es una pregunta a la que tendrás que responder sin cesar, así que prepárate para explicar las distintas maneras en que la persona mejorará su situación usando tu producto o servicio. Siempre muéstrales a los prospectos los cambios benéficos que se operarán en su vida o desempeño profesional si aceptan tus sugerencias.

DIFERENCIAS DE GÉNERO

En lo referente a la comunicación, la persuasión y la influencia, existen varias diferencias entre los hombres y las mujeres. Aunque siempre hay excepciones, se podría decir que los hombres suelen ser directos y las mujeres indirectas. Los hombres son como jabalinas y las mujeres como los boxeadores, es decir, se mueven en círculos alrededor de un tema. Los hombres quieren recomendaciones, las mujeres prefieren elegir entre una selección.

En las ventas, por ejemplo, si estás hablando con un hombre puedes decir: "Aquí tiene tres opciones, pero, con base en la información que me dio, le recomiendo esto por las siguientes razones…". Si hablas con una mujer, puedes decirle: "Aquí tiene tres opciones; estas son las ventajas y las desventajas. ¿Qué prefiere?". A las mujeres les agrada elegir y los hombres prefieren guiarse por una recomendación.

Otra de las diferencias en la comunicación entre los hombres y las mujeres es que los hombres usan la menor cantidad posible de herramientas. Las mujeres usan las palabras para vincularse, nutrir y construir relaciones, mientras que los hombres prefieren tomar decisiones prácticas. Las mujeres prefieren escuchar a sus emociones y se toman más tiempo para decidir. A los hombres los motiva el éxito, el estatus, el poder, los resultados y los logros, y a las mujeres les preocupa la familia, los niños, los amigos y las relaciones personales.

A los hombres les agrada hablar de deportes, negocios y política; las mujeres prefieren hablar de gente, relaciones y emociones. Si alguna vez asistes a un evento social en el que haya dos o tres parejas, notarás que tanto hombres como mujeres pasan tiempo con el grupo de su sexo, y de inmediato empiezan a hablar de los temas mencionados. Sucede de forma natural.

Cada vez que salgo a cenar con, digamos, tres parejas, siempre busco la manera de que las mujeres se sienten juntas y los hombres también. A veces la gente cuestiona este método.

—Pero ¿qué hay de la configuración en que los hombres y las mujeres se sientan intercalados?

—Uno ya pasa demasiado tiempo con su pareja. Mejor dejemos que las mujeres se sienten juntas, comenzarán a hablar de inmediato sobre temas que les interesan, y lo mismo sucederá con los hombres. Al final, ambos grupos la pasarán bien.

Otro dato interesante: los hombres solo pueden enfocarse en un tema a la vez. Las mujeres, en cambio, pueden hablar, escuchar, interactuar y hacer otras cosas de manera simultánea.

Para llevarse mejor con las mujeres, los hombres necesitan hacerles más preguntas, escuchar con más atención y ofrecerles algunas sugerencias o soluciones. Una mujer puede acercarse a un hombre y decirle: "Tuve este problema en el trabajo, sucedió tal cosa… ¿Qué opinas?".

Y, sin embargo, para ese momento ella ya decidió lo que va a hacer al respecto. Solo desea entablar una conversación porque a las mujeres les agrada hablar con el hombre con quien comparten su vida. Usan este tipo de situaciones para echar a andar el motor e iniciar el diálogo, pero lo último que buscan es una solución.

Los hombres contestarán con una solución específica y volverán a concentrarse en el televisor, y eso no es lo que quiere una mujer. Lo que desea es hablar y que le pregunten: "Oh, ¿y cómo sucedió? ¿Qué crees que deberías hacer?". Una mujer podría preguntar algo como: "¿Crees que debería ponerme estos pendientes o aquellos? ¿Qué crees que combine mejor con mi vestido? ¿Qué zapatos debería ponerme? ¿Estos o los otros? ¿Cuáles te gustan más?". Y si dices: "Me gustan los cafés", te contestará: "Creo que mejor me pondré los color beige". Ella ya sabe qué se va a poner, así que solo devuélvele la pregunta. Solo quiere hablar. En lugar de ofrecerle sugerencias o soluciones, hazle preguntas y pídele su opinión.

Para llevarse mejor con los hombres, las mujeres necesitan ser más directas y claras respecto a lo que desean, y pedir ayuda o participación. Ellas pueden leer la mente, los hombres no. Todo hombre ha escuchado la siguiente respuesta al llamar a casa y decir simplemente "Hola": "¿Qué sucedió? ¿Tuviste una discusión con tu jefe? ¿Fue lo que sucedió esta mañana?". Ella puede atar todos los cabos con solo escuchar ese "Hola". Es como la famosa frase de la película *Jerry Maguire*, que dice la protagonista: "Me ganaste desde que dijiste 'Hola' ". Ella lo supo todo con solo escuchar esa palabra. Las mujeres son así.

Por cierto, uno de los problemas que surgen entre las mujeres y los hombres es que, cuando ellas interactúan entre sí, pueden leerse la mente y saber qué están pensando y sintiendo. Las mujeres son muy sensibles y responden de manera adecuada, y por eso esperan que los hombres sean de la misma forma, pero no, no somos así, no estamos construidos de esa manera. Las mujeres a veces se muestran resentidas y dicen: "¿Por qué no reacciona de la manera correcta? Ni si quiera lo intenta". Pero no, no reaccionamos como esperan porque no podemos, y es esencial que comprendan esto.

Los hombres no piensan mucho en las relaciones ni en la comunicación. Las mujeres, en cambio, sí. Es una diferencia fundamental entre ellos. Los hombres tienen una vida interior muy simple, la de ellas es muy compleja. Si pudiéramos analizar a un hombre y a una mujer que observan televisión juntos sentados en un sofá, veríamos que el cerebro de él se cierra a alrededor de 20% de su capacidad, como sucede con las luces de un edificio de oficinas por la noche. En cambio, si le realizáramos un encefalograma a ella mientras observa el mismo programa, veríamos activado 80% de su cerebro. Se activaría y desactivaría por momentos porque estaría pensando en lo que está viendo, en cómo se desarrolla la trama, por ejemplo, pero también estaría pensando en lo que hizo unas horas antes y en lo que hará al día siguiente, entre otras cosas.

En una ocasión le preguntaron al comediante Jerry Seinfeld: "¿En qué piensan los hombres?", y su respuesta fue: "No piensan en mucho, solo permanecen sentados sin pensar en gran cosa".

Una mujer puede llegar y preguntar: "¿En qué estás pensando?", y el hombre cree que tiene que contestar algo a pesar de que, en realidad, no estaba pensando en nada. Lo peor es cuando una mujer se acerca a un hombre y le pregunta: "¿Qué sientes?" o "¿Cómo te sientes?". El individuo no siente nada, solo está sentado. Es muy importante que los hombres y las mujeres comprendan las diferencias fundamentales en su manera de comunicarse.

Hoy mismo toma la decisión de convertirte en un experto de la comunicación con poder. Lee libros sobre el tema, asiste a cursos de comunicación eficaz, escucha programas de audio y, sobre todo, practica, practica, practica.

Capítulo 5

Metas: los pilares del trabajo

Como ya lo vimos, una de las claves del éxito consiste en saber lo que deseas y en comprometerte a obtenerlo. Para mantenerte encarrilado, también debes saber cómo establecer metas específicas e involucrarte en cumplirlas.

Hace mucho tiempo se reunieron varias personas muy exitosas y empezaron a hablar sobre lo que habían logrado y por qué. Una de ellas dijo: "¿Saben lo que es el éxito?", y todos se quedaron callados para escuchar. "El éxito son las metas, el resto es solo palabrería".

Esta es una de las más importantes verdades de la vida: el éxito son las metas, el resto es palabrería. De hecho, es uno de los grandes descubrimientos y logros de la historia de la humanidad. Tu vida solo comienza a ser genial cuando identificas con claridad lo que quieres, haces un plan para conseguirlo y trabajas en él todos los días.

Napoleon Hill dijo: "La principal razón por la que la gente fracasa es porque no desarrolla planes nuevos para reemplazar los que no funcionaron". Yo he descubierto que cuando comienzas a trabajar en una nueva meta o tomas una nueva dirección, la mayoría de las estrategias no funciona. O, al menos, no la primera vez. Muchas personas tratan de hacer algo una vez y luego se dan por vencidas. La gente exitosa lo intenta una y otra vez. Hace planes nuevos, distintos, intenta algo diferente. Continúa avanzando.

A lo largo de los años he dado miles de entrevistas de radio y televisión, y siempre me hacen las siguientes preguntas: "¿Cuál fue el punto de inflexión para usted? ¿Cuál fue la experiencia o la epifanía que le permitió pasar de pobre a rico? ¿Qué fue lo que lo sacó del agujero?".

Antes solía irritarme cuando me preguntaban eso porque quien hace esta pregunta da por sentado que se trató de un hecho aislado, que lo que vuelve a una persona exitosa es un truco rápido y barato. Por eso siempre contestaba con tiento. Luego, un día, pensé: "Vaya, en realidad *sí hubo* ciertos puntos de inflexión en mi vida". Me puse a pensar e identifiqué tres momentos, y ahora me parece que todos tenemos esos tres instantes.

En primer lugar, descubrí que yo era responsable de mi propia existencia y de todo lo que me sucediera. Aprendí que esta vida no era un ensayo para algo más, sino la representación ante el público en tiempo real.

Fue un verdadero *shock*. Hasta ese momento, siempre había culpado a mis orígenes, a mis padres y a las cosas que me habían sucedido en el pasado. Y, de repente, como si alguien me hubiera encendido una bombilla en la cara, comprendí que el responsable era yo, y que si quería que algo cambiara en mi vida, tendría que cambiarlo yo mismo.

Todos los estudios sobre la vida de la gente exitosa que se han realizado muestran que su punto de inicio fue el momento en que aceptaron su responsabilidad personal. Nada sucede hasta que no asumes tu responsabilidad, solo entonces empieza a cambiar tu vida por completo.

Mi segundo punto de inflexión se presentó cuando tenía alrededor de 24 años y descubrí mis metas. Sin saber de cierto qué estaba haciendo, me senté e hice una lista de las 10 cosas que quería lograr en el futuro próximo. Perdí la lista casi de inmediato, pero 30 días después mi vida había cambiado porque cumplí casi todo lo que me había propuesto. Y lo que faltaba lo había cumplido de manera parcial al menos.

El tercer punto de inflexión fue cuando descubrí que uno podía aprender cualquier habilidad que necesitara para cumplir las metas que se fijara. Nadie es más inteligente ni mejor que tú, y todas las habilidades de negocios, ventas y generación de recursos pueden aprenderse y desarrollarse.

Toda la gente que ahora es competente en un área empezó de cero. Hubo un tiempo en que las personas más exitosas de cualquier ámbito ni siquiera estaban ahí ni sabían que esa industria o campo de trabajo existía. Tú puedes hacer lo mismo que han hecho cientos, miles o millones de personas que han logrado el éxito.

DIEZ PASOS PARA FIJARSE METAS

Ahora quisiera que analizáramos los pasos esenciales del proceso para fijarse metas.

1. Decide con exactitud qué quieres lograr en cada área de tu vida. Para hacer esto tienes que empezar por idealizar. La idealización es una técnica que han aplicado a lo largo de la historia las personas más exitosas del mundo. Imagina que no hay límites, que puedes hacer, tener o ser lo que desees. Imagina que tienes todo el tiempo, dinero, amigos, contactos, educación y experiencia que requieres para cumplir cualquier meta que te fijes.

   Imagina que puedes agitar una varita mágica y hacer que tu vida sea perfecta en sus cuatro aspectos fundamentales. Si fuera increíble, ¿cómo sería?

   El primer aspecto es el de los ingresos. ¿Cuánto quieres ganar este año, el siguiente, y en cinco años a partir de ahora? Agita la varita e imagina que no hay límites.

   El segundo aspecto es el familiar. ¿Qué tipo de estilo de vida te gustaría crear para ti y tu familia? ¿En qué tipo de casa quieres vivir? ¿Qué tipo de vacaciones quieres tomar? ¿Qué quieres lograr para beneficiar a los miembros de tu familia? Imagina que no tienes ningún límite y que puedes diseñar el estilo de vida con que sueñas.

   El tercer aspecto es el de la salud. ¿Cómo sería tu vida si tu salud fuera perfecta en todo sentido? ¿Cuánto pesarías? ¿Qué tan buena condición física tendrías? ¿A qué hora te despertarías por la mañana? ¿Qué tipo de alimentos comerías? ¿Cómo te sentirías si tu salud fuera inmaculada? Imagina que nada te limita.

   El cuarto aspecto tiene que ver con tu valor neto. ¿Cuánto quieres ahorrar y acumular a lo largo de tu vida laboral? ¿Cuál es tu objetivo financiero a largo plazo?

Recuerda que no puedes atinarle a un blanco que no ves. Entre más claro seas respecto a tus objetivos financieros, más probable será que tomes buenas decisiones para cumplirlos.

Ahora te hablaré de una técnica que puedes aplicar, le llamo el método de las tres metas. Escribe tus tres metas más importantes en la vida en este momento. Date 30 segundos y escríbelas lo más rápido que puedas: *pum, pum, pum.*

Es muy probable que tus respuestas sean una imagen bastante precisa de lo que en verdad deseas en la vida. Se ha descubierto que si solo tienes 30 segundos para escribir tus tres metas, las respuestas serán igual de precisas que si tuvieras 30 minutos o tres horas. Por alguna razón, la supraconsciencia y el inconsciente entran en un estado de frenesí y, gracias a eso, *pop, pop, pop*: de pronto aparecen en el papel las tres metas.

2. Escribe tus metas. Es fundamental que las plasmes en papel, y que sean claras, específicas, detalladas y mensurables. Debes escribirlas como si estuvieras ordenando un producto para que sea manufacturado en una fábrica muy lejana. La descripción debe ser clara y detallada en todo sentido.

Solo 3% de los adultos escribe sus metas, y quienes lo hacen no solo ganan 10 veces más que la persona promedio: también suelen ser los jefes de todos los demás. No es raro que lleguen a nuestro país personas que no conocen a nadie, sin contexto y sin hablar el idioma, y, 10 años después, ya crearon una gran riqueza y cientos de individuos trabajan para ellas. ¿Por qué sucede esto? Porque esa gente llegó con objetivos y tenía claro lo que deseaba.

3. Establece fechas límite. Tu mente utiliza las fechas límite para impulsarte, de manera consciente e inconsciente, a alcanzar

tus objetivos en la fecha que te lo propusiste. Si tu objetivo es suficientemente importante y de grandes dimensiones, establece una fecha límite. Si quieres alcanzar la libertad financiera, por ejemplo, podrías fijarte una meta a 10 o 20 años. Luego desglósala para que sepas cuánto tienes que ahorrar e invertir cada año.

Si, por alguna razón, no logras tu meta en la fecha límite, fíjate una nueva. No hay metas irreales, solo plazos poco realistas. A veces puedes tener una meta lógica y realista, pero si las situaciones, tus circunstancias y las condiciones financieras cambian de manera imprevista, te verás obligado a establecer otra fecha.

4. Identifica los obstáculos que tendrás que superar para alcanzar tu meta. La manera de hacerlo es preguntándote por qué no lo has logrado aún.

Ahora debo hablarte del *principio de las limitaciones*, una de las mejores herramientas para el pensamiento que he utilizado. Este principio dice que siempre hay un factor que te limita o restringe, una especie de cuello de botella. Dicho factor establece la velocidad a la que alcanzas tu meta. ¿Cuál es la limitación en tu caso? ¿Qué te detiene? La regla 80-20 también es aplicable a las limitaciones, es decir, 80% de las razones que te impiden lograr tu meta se encuentran dentro de ti y, por lo general, son la falta de una habilidad, una cualidad o de ciertos conocimientos. Por lo tanto, 20% de las razones por las que no logras tu meta se encuentra en el exterior. Siempre empieza por preguntarte: ¿qué es lo que me está deteniendo?

5. Determina qué conocimientos, información y habilidades necesitarás para lograr tu objetivo. En especial, identifica las

habilidades que tendrás que desarrollar para entrar al grupo del 10% en la cima de tu ámbito de trabajo. Recuerda que para alcanzar una meta que no has logrado antes tendrás que desarrollar habilidades que no tienes aún. Lo que limita tus ingresos y éxito es tu aptitud clave menos desarrollada. Esto significa que puedes avanzar más si trabajas en la habilidad que te está limitando más que en cualquier otra.

Permíteme hacerte una pregunta fundamental: si la desarrollaras al máximo, ¿qué habilidad tendría el mayor impacto positivo en tu vida? Si en verdad fueras competente en ella, ¿qué habilidad te ayudaría más a duplicar tus ingresos?

Una vez que respondas a esta pregunta, escribe la respuesta, haz un plan y trabaja a diario para desarrollar tu habilidad. Haz una lista de todos los libros que podrías leer, los programas de audio que podrías escuchar, las acciones que podrías implementar, etcétera. Y todos los días haz algo que te permita ser mejor en esa área.

6. Identifica a la gente cuya ayuda y colaboración necesitarás para alcanzar tu meta. Haz una lista de todas las personas en tu vida con quienes deberás trabajar o colaborar de forma marginal para lograr lo que te propones.

Empieza por los miembros de tu familia cuya colaboración y apoyo necesitarás. Luego haz una lista que incluya a tu jefe, tus compañeros de trabajo y tus subordinados. Identifica en particular a los clientes que necesitarás que adquieran tus productos o servicios en suficiente cantidad para generar los recursos que necesitas.

Una vez que hayas identificado a la gente cuya ayuda requerirás, pregúntate qué recibirán a cambio. En lugar de ser una persona que solo busca obtener algo para sí misma, conviértete en alguien que sepa dar a otros lo que necesitan. Para lograr metas importantes y ambiciosas necesitarás la ayuda y el apoyo de muchísima gente. Una persona clave, en el tiempo y lugar precisos, puede significar una gran diferencia.

La gente más exitosa es la que construye y mantiene vivas sus redes de trabajo con otras personas a las que puede ayudar y que pueden apoyarla a ella a cambio.

7. Haz una lista de todo lo que deberás hacer para lograr tu meta. Escribe los obstáculos que tendrás que superar, el conocimiento y las habilidades que deberás desarrollar, y la gente cuya cooperación necesitarás. Haz una lista de cada paso que se te ocurra que tendrás que dar para llegar ahí. A medida que se te vayan ocurriendo las ideas, añádelas a tu lista y no te detengas hasta que esté completa.

Cuando hagas la lista de todo lo que necesitarás, empezarás a ver que tu meta es mucho más factible de lo que habías previsto. Recuerda lo que dijo Confucio: "El viaje de mil kilómetros empieza con el primer paso". Tú puedes construir la muralla más extensa y grande del mundo, colocando un ladrillo a la vez.

8. Organiza tu lista y transfórmala en un plan. Esto se logra ordenando en dos categorías los pasos que hayas identificado: en primer lugar, como secuencia, y en segundo, por prioridad.

Para organizar un plan por secuencia, pregúntate qué tienes que hacer para dar el paso siguiente, y en qué orden. Para organizar por prioridad, pregúntate qué es más y qué es menos importante. La regla 80-20 indica que 80% de los resultados provendrán de 20% de tus actividades, pero, por otra parte, dice que el primer 20% del tiempo que pasarás planeando tu meta y organizando el plan equivaldrá a 80% del tiempo y esfuerzo requeridos para lograrla. Como verás, la planeación es fundamental.

9. Organiza tu lista en una serie de pasos, desde el principio hasta el final. Cuando tienes una meta u objetivo, y un plan, aumentas la probabilidad de cumplirlos en 1 000%. Muchas estadísticas lo prueban. El poder de un plan escrito es inimaginable.

Luego planea con anticipación cada día, cada semana y cada mes. El mes planéalo en los primeros días, la semana planéala la semana anterior. Entre más cuidadoso y detallado seas al prever tus actividades, más lograrás, y en menos tiempo. Por lo que se ha constatado, cada minuto de planeación ahorra 10 de ejecución, esto quiere decir que tu retorno por inversión al planear tus días, semanas y meses es de mil por ciento.

10. Visualiza tus metas. Diseña imágenes claras, vívidas, emocionantes y emotivas de tus metas, visualízalas como si ya fueran una realidad, como si ya las hubieras alcanzado. Imagínate disfrutando del logro. Si deseabas un automóvil, vete conduciéndolo; si eran unas vacaciones, visualízate junto al mar. Si tu objetivo es tener una casa hermosa, imagínate viviendo en ella.

Al visualizar, tómate unos instantes para crear también las emociones que acompañarían a tu logro. Un panorama mental combinado con una emoción profunda puede tener un impacto enorme en tu inconsciente y en la supraconsciencia.

La visualización es, quizá, la facultad más poderosa con la que cuentas para alcanzar tus metas más rápido de lo que jamás imaginaste. Cuando combinas objetivos claros, visualización y emociones, activas tu mente supraconsciente, y esta resuelve todos los problemas que puedas encontrar camino a la meta. También activa la ley de la atracción y empieza a atraer a ti a la gente, las circunstancias, ideas y recursos que te ayudarán a lograr más rápido lo que te propones.

EJERCICIO PARA ESTABLECER METAS

Toma una hoja nueva de papel y escribe la palabra *Metas* en la parte superior. Incluye la fecha de hoy. Oblígate a escribir por lo menos 10 metas que te gustaría lograr el siguiente año o, al menos, en el futuro cercano. Al escribir las oraciones, empieza cada meta con la palabra *yo*. Como ya lo mencioné, la única persona que puede usar esa palabra refiriéndose a ti eres tú. Luego incluye un verbo de acción. Este funcionará como una especie de orden enviada de tu consciente al inconsciente. Podrías, por ejemplo, decir: *Yo corro, yo gano, yo vendo, yo logro, yo adquiero, yo ahorro.* Escribir la palabra *yo* seguida de un verbo de acción es el equivalente a accionar un detonador de dinamita que hará estallar tu inconsciente.

Cuando escribas tus metas y objetivos, descríbelos en el tiempo presente, como si ya los hubieras logrado. El inconsciente solo se activa en presente. Si tu objetivo es ganar cierta cantidad de dinero en un periodo previsto, dirías: *Yo gano esta cantidad para tal fecha.* Si el objetivo es comprar un automóvil nuevo, dirías:

Yo manejo tal automóvil para tal fecha. Esta forma de enunciación es una orden del consciente al inconsciente.

Insisto, cuando escribas tus metas, hazlo en forma positiva. En lugar de decir: *Ya no voy a fumar,* escribe: *Soy una persona sana con buenos hábitos.* En lugar de decir: *Ya no seré obeso u obesa,* di: *Peso tanto y ese es mi peso permanente.* Siempre enuncia tus metas como si ya fueran realidad, como si las hubieras logrado. Recuerda que esto activa tu inconsciente y tu supraconsciencia para que modifiquen tu exterior y lo hagan corresponder con las órdenes del interior.

Luego de esto, decide cuál es tu propósito definitivo más importante. En cuanto tengas la lista de 10 metas, pregúntate: "Si pudiera agitar una varita mágica y cumplir en 24 horas cualquier meta de esta lista, ¿cuál tendría el mayor impacto positivo en mi vida?". Cuando tengas la respuesta, encierra en un círculo la meta elegida. Luego escríbela en la parte superior de una nueva hoja limpia. Anótala con claridad y en detalle. Establece una fecha límite para cada meta y algunas alternativas, en caso de que sea necesario.

Identifica los obstáculos que tendrás que superar para llegar ahí. Encuentra el más importante, ya sea interno o externo. Identifica también el conocimiento y las habilidades que necesitarás para alcanzar tu meta y, sobre todo, la habilidad más importante que tendrás que dominar. Identifica a la gente cuya ayuda y colaboración necesitarás, y piensa qué podrías hacer para merecer su ayuda. Haz una lista de todo lo que harás para lograr tu objetivo y, si en el proceso se te ocurren más cosas, añádelas.

Organiza la lista por secuencia y prioridad, es decir, empezando por lo que tendrías que hacer primero y por lo más relevante. Haz un plan y organiza la lista en pasos, del primero al último. Finalmente, decide actuar y trabaja todos los días en tu plan.

Planea las metas en términos de las actividades en que tendrás que involucrarte para cumplirlas, y en si deberás realizarlas todos los días, o cada semana o mes. Luego sé disciplinado y concéntrate en lo más importante que deberás hacer cada día hasta que lo hayas terminado. Haz lo mismo con todas las tareas importantes. Toma la decisión de que, sin importar lo que suceda, no te rendirás jamás. Cada vez que persistes y superas los inevitables fracasos y decepciones que se presentan en la vida, te fortaleces y te vuelves más resiliente, pero también aumentas tu autoestima y la confianza en ti mismo: el objetivo es volverte imparable.

Decide con exactitud qué quieres, escríbelo, haz un plan y trabaja en él todos los días. Si haces esto sin cesar, hasta que se vuelva un hábito, en unas cuantas semanas o meses lograrás más de lo que mucha gente ha logrado en varios años. Empieza hoy mismo.

Capítulo 6

Gestión del tiempo

La gestión o administración del tiempo es uno de los elementos más importantes para lograr tus metas o para tener cualquier tipo de éxito. Ahora te diré un secreto: la gestión del tiempo es en realidad una administración de tu vida y de ti mismo. El gurú de negocios Peter Drucker solía decir: "Uno no puede gestionar su tiempo, solo puede supervisarse a uno mismo". La gente más exitosa es la que mejor se sabe inspeccionar y controlar.

La calidad de tu gestión del tiempo definirá la calidad de tu vida. Verás, yo solía pensar que esta habilidad era parte de una temática al margen, creía que yo era el sol y que la gestión de mi tiempo giraba a mi alrededor. El punto de inflexión vino cuando me di cuenta de que, en realidad, era al revés: la gestión del tiempo es el sol y todo lo demás en la vida es como los planetas que giran alrededor. Si controlas tu tiempo de manera absoluta, todos los aspectos de tu existencia se alinean.

LA GESTIÓN DEL TIEMPO ES UNA DECISIÓN

La buena noticia es que la gestión o administración del tiempo es una habilidad que, como todas, se puede y debe aprender. Algunas personas dicen: "Yo no soy muy bueno para eso, no soy puntual y tengo demasiadas cosas que hacer en muy poco tiempo". Pero déjame decirte algo: esta es una decisión que se toma.

A veces bromeo con el público en mis conferencias y digo: "Desarrollé un método para enseñarle a la gente a administrar su tiempo en solo 20 segundos. En ese lapso mínimo puedo convertir a todos los presentes en administradores asombrosos. ¿Quieren conocer mi método?". La gente asiente y yo meto la mano a mi bolsillo. Finjo que saco de él una pistola y le apunto a una persona sentada en la hilera del frente. "De acuerdo, los voy a seguir las próximas 24 horas, y si se atreven a desperdiciar un solo segundo, ¡les vuelo los sesos!".

¿Crees que bajo esas circunstancias serías un buen administrador de tu tiempo? Te apuesto que sí. El punto es que la gestión del tiempo es una decisión que uno toma, una elección. Tú *eliges* llevarlo a cabo bien. Si tienes que abordar un avión y se trata de un vuelo muy importante, vas a organizar todos los aspectos de tu vida para estar ahí, para llegar con anticipación y abordar a tiempo ese avión.

Tú eres quien elige ser un buen administrador. Una vez que comprendas eso, te darás cuenta de que no es un rasgo genético ni tiene que ver con la forma en que te educaron. Tampoco con la personalidad que tenías de niño, es solo una decisión que *tú* tomas.

Tu situación actual en la vida es muy simple. En primer lugar, tienes muchísimo que hacer y muy poco tiempo. No importa cuánto logres avanzar en el trabajo, siempre tienes más por hacer. Tu carga de trabajo y tus responsabilidades no dejan de acumularse. Lo sé porque es algo normal, es un hecho natural de la vida adulta.

Permíteme, sin embargo, revelarte algo: nunca te vas a poner al día. Toda la gente tiene la idea de que en algún momento encontrará una técnica o método que le permitirá ponerse al día. No, uno nunca lo logra. La única manera de administrar tu tiempo es dejando de hacer ciertas cosas.

Las metas son la base para la gestión del tiempo, son el panorama completo. Puedes verlas, alejarte un poco y preguntarte: ¿cuáles son mis verdaderos objetivos y metas en la vida? ¿Qué es lo que en realidad deseo lograr? Es fundamental que te preguntes esto porque los humanos pasamos una enorme cantidad de tiempo haciendo cosas irrelevantes para nuestras metas reales.

DUPLICA TU PRODUCTIVIDAD

¿Cómo puedes duplicar tu productividad? A continuación encontrarás cinco pasos:

1. Apunta todo lo que tienes que hacer cada día. Escribe la lista la noche anterior y nunca empieces a trabajar si no tienes una.

   De acuerdo con los especialistas de la administración del tiempo, la lista aumentará tu productividad 25% la primera vez que la uses. Si tu desempeño y resultados aumentan 25% al año, cada dos años y ocho meses los duplicarás. Si duplicas tu productividad y lo que generes, también duplicarás tus resultados. Si duplicas los resultados, duplicarás tus ingresos. El simple hecho de trabajar con una lista y aumentar tu productividad 25% te permitirá duplicar tu ingreso cada dos años y ocho meses, y luego volver a duplicarlo una y otra vez.

2. Antes de comenzar, aplica a tu lista la regla 80-20. Uno de los términos más importantes en la gestión o administración del tiempo es *consecuencias.* Te explicaré. Algo que tiene fuertes consecuencias, tiene un valor elevado, en tanto que algo que tiene pocas consecuencias, o estas son insignificantes, carece de valor.

3. Una vez que hayas hecho la lista y aplicado la regla 80-20 en ella, usa el método ABCDE. *A* se refiere a algo que debes hacer, que tendrá serias consecuencias si lo haces o no. Una actividad *B* es algo que deberías hacer, pero que tendrá consecuencias menos importantes. Podría ser algo como hacer una llamada telefónica para verificar cómo va alguien en la oficina. La actividad *C* será algo agradable, pero sin consecuencias en absoluto, como beber una taza de café, leer el periódico o navegar en internet.

La regla aquí es nunca dedicarte a una tarea *B* o *C* si todavía tienes que terminar una tarea tipo *A.*

La cuarta letra del método ABCDE es la *D* de *delegar.* Delega todas las tareas que alguien más pueda hacer, y de esa forma libera más tiempo para tus actividades *A.*

Por último, tenemos *E* de *eliminar* todas las actividades de poco o nulo valor. Te aseguro que, a lo largo del día, llevas a cabo muchas actividades que podrías dejar de hacer sin que eso implicara una diferencia.

Entre más tareas delegues o elimines, más tiempo tendrás para hacer todo lo que sí representaría una diferencia en tu vida.

4. Hazte de manera constante las siguientes cuatro preguntas. La primera es: ¿por qué estoy en la nómina? Me contrataron para hacer algo específico, ¿qué es? Si fueras a la oficina de tu jefe y le hicieras esta misma pregunta, ¿qué te contestaría? Te aseguro que no te diría que estás en la nómina para llevarte bien con tus compañeros de trabajo, navegar en internet, leer el periódico ni beber café. Estás en la nómina para producir resultados específicos, por los que la empresa te paga. Lo que logres será una contribución a los resultados generales que la empresa debe producir para sobrevivir y prosperar en un mercado muy competitivo.

La segunda pregunta es: ¿cuáles son mis actividades de mayor valor? De todas las que haces, ¿cuáles son las más valiosas?

La tercera pregunta es: ¿qué es eso que solo yo puedo hacer y que, si lo hago bien, significará una verdadera diferencia? En tu empresa hay tareas que solo tú puedes hacer, y si no las llevaras a cabo, nadie más podría. Es decir, se quedarían sin realizar. Sin embargo, si haces esas tareas y las haces bien, pueden implicar una enorme diferencia en tu vida.

Aunque la respuesta a esta pregunta variará dependiendo de los cambios en las prioridades y actividades, es esencial que te la sigas haciendo. ¿Qué puedo hacer solo yo? ¿Cuál es esa actividad que significará una diferencia real?

Por último, no dejes de preguntarte: ¿cuál es la manera más valiosa de usar mi tiempo en este momento? Todos los libros de administración del tiempo se resumen en responder esta pregunta: ¿cuál es la manera más valiosa de usar mi tiempo en este momento? Sea cual sea la respuesta, asegúrate de hacer eso cada minuto del día.

5. La quinta clave para duplicar la productividad consiste en concentrarse por completo en una sola cosa, en la tarea más importante de todas, y en no soltarla hasta que no la hayas terminado. Enfocarte en tus tareas esenciales te ahorra hasta 80% del tiempo que requieres.

Trabajar concentrado y enfocándote en una sola tarea produce energía, entusiasmo y un aumento en la autoestima. Terminar algo, poner el punto final y cerrar un ciclo mejora lo que sientes respecto a ti y te motiva a continuar trabajando.

Yo escribo y produzco cuatro libros al año. Los escritores profesionales, en cambio, tienen suerte si llegan a escribir o producir un libro cada dos o tres. La gente me pregunta: "¿Cómo puedes escribir tanto?". Enfocándome y concentrándome. Cada vez que me siento a trabajar, sigo toda una serie de pasos. Me concentro por completo en cada uno antes de pasar al siguiente. Aplico la misma técnica en todo lo demás que hago, y es asombroso cuánto puede aumentar tu productividad esta forma de trabajar.

LA PROCRASTINACIÓN CREATIVA

¿Tú procrastinas? La respuesta es: "Sí, todos lo hacemos". La gente improductiva lo hace… y quienes somos productivos también. La diferencia es que la gente exitosa procrastina de manera creativa, es decir, lo hace con tareas de poco valor y sin conse-cuencias. La gente improductiva procrastina con tareas de un va-lor elevado que pueden significar una gran diferencia en su vida.

A continuación compartiré contigo 10 maneras de superar la procrastinación:

1. Establece metas y objetivos escritos, y también redacta planes de acción. El simple hecho de escribir las cosas te motiva a poner manos a la obra. En cuanto plasmas algo en papel, es como si una roca empezara a rodar cuesta abajo en una coli-na: avanzas y avanzas sin parar.

2. Divide tus metas en actividades más viables. Ya conoces la vieja pregunta: ¿cómo me puedo comer un elefante? Bocado a bocado. Si tomas una gran meta y la desglosas en tareas más sencillas, podrás empezar haciendo una de ellas.

3. Haz un análisis de lo que tienes que hacer en el día. Elige una sola actividad y empieza a trabajar en ella de inmediato. Motívate a ti mismo diciendo: *Esto lo voy a hacer ahora. Esto lo voy a hacer ahora.* Esta manera de abordar las tareas puede servirte para terminar con el bloqueo mental.

4. Convierte tus tareas en una especie de queso suizo. Piensa en el queso suizo, visualiza los agujeros. Para abordar una tarea imponente puedes tomar una parte más pequeña y accesible, y llevarla a cabo rápido. Esto te ayudará a "hacerle un hueco". A veces lo único que necesitas para animarte a comenzar es hacer una pequeña parte de una gran tarea.

5. Rebana esa enorme misión como si fuera salami. Aborda tu tarea cortándola en rebanadas y haz una pequeña parte para empezar.

6. Otra manera de superar la procrastinación es usando la regla 20-80. A veces el primer 20% del tiempo que inviertes en el planeamiento, organización y disposición de las tareas equivale a 80% de todo el trabajo. Si organizas todo, colocas los elementos en su lugar, planeas y haces tus listas, sentirás el impulso de terminar el trabajo completo.

7. Establece un límite. Trabaja en una tarea importante 15 minutos. Di: "No puedo hacer todo esto porque me tomará muchas horas. Mejor trabajaré 15 minutos, haré algo más y volveré a esto más tarde". A veces el hecho de enfocarte en algo solo 15 minutos es suficiente para meterte en el ritmo, y luego no quieres dejar de trabajar.

8. Establece un sistema de recompensas. Prémiate por terminar una parte de tu gran tarea. Una de las actividades que se deben realizar en las ventas es la de contactar e identificar posibles clientes: tienes que tomar el teléfono y llamarle a la gente para organizar citas. Algunos vendedores se ponen al frente un plato con galletas y se dicen: "Cada vez que llame a un prospecto, me premiaré con una galleta" o "Cuando consiga programar 10 citas, tomaré un descanso para beber café". En lugar de preocuparse por las citas, se entrenan para enfocarse en las recompensas, y así superan su temor y la tendencia a procrastinar.

9. Hazle una promesa a alguien más. Dile que terminarás una tarea para determinado momento. Te sorprendería cuánto puede motivar la noción de terminar algo para cumplir tu palabra.

10. Lee tu lista e imagina que vas a salir de la ciudad y que estarás un mes fuera. Solo tienes tiempo de llevar a cabo una

tarea antes de irte: ¿cuál elegirías? Sea cual sea la respuesta, motívate y crea la inercia necesaria para completar la más importante. Por lo general, esta estrategia te animará a terminar todas las otras tareas de la lista.

CÓMO SER MÁS PRODUCTIVO A LO LARGO DE UN DÍA

Aquí te presento siete pasos para ser más productivo a lo largo de un solo día:

1. Trabaja más rápido. Acelera el paso y trabaja a mayor velocidad: el *tempo* rápido es esencial para el éxito. Camina más rápido, trabaja con prisa, muévete con agilidad, ponte al día en lugar de quedarte rezagado.

2. Trabaja con más ahínco. Más horas. Empieza un poco más temprano, trabaja arduamente y quédate hasta un poco más tarde. La gente exitosa trabaja más tiempo y es más productiva durante ese tiempo porque logra hacer mucho más que las personas sin ambición.

   Hace poco leí algo sobre una mujer que solía levantarse a las cinco de la mañana. Hacía ejercicio, empezaba su jornada a las seis y trabajaba sin descanso durante tres horas. En ese tiempo acababa el trabajo de todo el día. Trabajaba sin desperdiciar ni un segundo, y también hacía todo el trabajo del día siguiente.

   Con el paso del tiempo esta mujer llegó a realizar el equivalente a tres días de trabajo en uno solo, le bastaba con trabajar más horas. La ascendían de puesto con frecuencia y

cada vez le pagaban más, en algún momento llegó a ser eje-
cutiva *senior* y a recibir uno de los sueldos más elevados en
su empresa, y todo porque trabajaba con más ahínco durante
más horas.

3. Trabaja en equipo. Aborda las tareas extraordinarias en equipo. A veces, si desarrollas el ritmo de una línea de producción
o si estableces una estructura para delegar tareas, puedes trabajar en algo mientras alguien más se ocupa de otra cosa. Te
sorprendería ver cuánto más podrías llevar a cabo.

4. Simplifica el trabajo. Elimina pasos para hacer más en menos
tiempo. Consolida o condensa las tareas, abórdalas y termina
pronto. Entre más simples sean las faenas y menos pasos debas seguir, avanzarás más rápido y producirás más.

5. Haz las tareas para las que seas más hábil. Cuando te enfocas
en lo que haces mejor, cometes menos errores, lo cual se traduce en más trabajo realizado en un periodo más breve.

Al principio de mi carrera, por ejemplo, era redactor creativo de una importante agencia de publicidad. Leía pilas de
libros sobre mi área y pasaba incontables horas escribiendo
textos creativos publicitarios.

Ahora, cada vez que alguien en mi empresa necesita un texto creativo para un folleto, producto o programa, me envían
a mí la información porque puedo redactar algo muy bueno
en unos cuantos minutos. A alguien que no tenga experiencia en esta área le podría tomar horas y, al final, tal vez no
sería un buen texto. Yo he escrito miles de frases de textos
creativos y me da gusto decir que son bastante buenas porque
soy muy competente en esta área. Y tú, ¿en qué eres excelente? ¿Qué puedes hacer rápido y casi sin cometer errores?

6. Agrupa tus tareas. Haz varias tareas similares al mismo tiempo y aprovecha la curva del aprendizaje. Por ejemplo, si vas a escribir una serie de propuestas, haz varias de una sola vez. Para cuando abordes la quinta o la sexta, necesitarás 20% del tiempo que te tomó hacer la primera. Si vas a realizar llamadas para identificar clientes y hacer citas, para cuando llegues a la décima necesitarás 20% del tiempo que te tomó la primera. Cada vez que agrupas tareas similares y las haces de una sola vez, te vuelves más rápido y competente en cada una. Eso te ahorra una enorme cantidad de tiempo y te permite producir con un nivel de calidad similar o incluso más elevado.

7. Vuélvete más hábil en tus tareas clave. Practica la fórmula del Mejoramiento continuo y permanente (CANEI, por sus siglas en inglés). Una de las mejores habilidades de gestión del tiempo que se pueden desarrollar es la de ser más competente. Entre más apto seas, más podrás producir. Volverte excelente en lo que haces no te ahorra unos minutos u horas: puede ahorrarte años del arduo trabajo que tendrías que realizar para alcanzar el mismo nivel de ingresos.

Todas las habilidades de negocios que acabo de describir se pueden aprender. Puedes adquirir cualquier habilidad que necesites para alcanzar las metas que te fijes. Puedes, por ejemplo, aprender a ser un gerente extraordinario, y dentro de un año podrías ser tan eficiente y competente que las cámaras de las televisoras te seguirán por todos lados para averiguar por qué eres tan bueno.

Es probable que para duplicar tus ingresos actuales solo necesites aprender una habilidad de administración, y lo más seguro es que ya sepas cuál es. La gestión del tiempo es, en realidad, gestión de la vida y de ti mismo. Es la habilidad de elegir la secuencia de los eventos, qué harás primero, qué harás después y qué tacharás de tu lista. Y recuerda: tienes la libertad de elegir.

Capítulo 7

Creación de riqueza

Ahora que hemos explorado las mejores maneras de trabajar y ser productivo, podemos concentrarnos en nuestro objetivo a largo plazo: la creación de riqueza.

Este es el mejor momento de la historia en términos económicos, el mejor momento para estar vivo. Con 5% de la población y 5% de toda la masa terrestre, Estados Unidos produce 30% del producto interno bruto y posee 50% de la riqueza mundial. En las últimas décadas nuestro país ha forjado más millonarios y multimillonarios que todos los otros países en conjunto a lo largo de la historia.

En 1900 había 5 mil millonarios en Estados Unidos y casi todos habían amasado su fortuna por sí mismos. Para el año 2000 había cinco millones, es decir, la cifra aumentó mil veces. Para 2008 la cantidad de millonarios en el país aumentó a 9.6 millones, lo cual representa un crecimiento de 92% en ocho años: la expansión de riqueza personal más grande de la historia del mundo. En todo caso, todo indica que seguiremos forjando millonarios en los próximos años. En 2020 nuestro país tenía un producto interno bruto de cerca de 20.93 billones de dólares. En el primer cuatrimestre de 2021 creció en un índice de 6.4%, lo cual equivale a 1.34 billones al año. El ingreso de la familia promedio en 2019 era de cerca de 69 mil dólares y se encontraba entre los más elevados del mundo. De acuerdo con la Organización para la Cooperación y el Desarrollo Económicos (OCDE), continúa creciendo en un índice de entre 3 y 5% al año. Estados Unidos es el país más empresarial del mundo: cada año se establecen más de dos millones de negocios nuevos.

Con esto quiero decir que, actualmente, más gente está haciendo más dinero de diversas maneras. En los próximos años más gente se volverá independiente en el aspecto financiero o, incluso, millonaria por derecho propio. Más que en los últimos 200 años. Tu objetivo debería ser una de esas personas y, por eso, en este capítulo aprenderás los principios más relevantes de la creación de la riqueza.

LO QUE PIENSAN LOS MILLONARIOS

Debes tener mucho cuidado con lo que pienses, en especial lo que pienses sobre ti. ¿En qué piensan los millonarios? Esto es algo que sabemos porque han entrevistado a miles de ellos y, en su mayoría, parecen tener ciertas características en común. Piensan a largo plazo, se esfuerzan y hacen sacrificios en el presente para alcanzar la libertad económica en 10 o 20 años. A diferencia de las demás personas, no gastan todo el dinero que tienen ni el que no tienen; para poder alcanzar la libertad lo antes posible, en los primeros años de su vida profesional practican las tres claves del éxito financiero: frugalidad, frugalidad, frugalidad.

Mucha gente con empleos comunes y proveniente de familias ordinarias practica la frugalidad, y cuando llega a los cuarenta y tantos o poco después de los 50, alcanza la libertad financiera. En cambio, mucha gente que tiene mucho dinero y vive muy bien termina en bancarrota a los 60 o 65. En Texas, por ejemplo, hay un dicho para referirse a quienes generan muchos ingresos, pero no tienen bienes: "Sombrero grande, poco ganado".

La gente que se vuelve millonaria a partir de nada y por su propio esfuerzo está acostumbrada a disfrutar del ahorro y de la acumulación de dinero en lugar de gastar todo lo que va ganando. De hecho, es gente que goza ahorrar y ver sus inversiones crecer, no como el resto, que adora salir a la calle y despilfarrar.

LA REGLA DE LAS TRES

La mejor manera de medir qué tan bien vas en lo económico es midiendo tu índice de supervivencia, es decir, el número de meses o años que podrías seguir teniendo el mismo estilo de vida que tienes ahora, aunque no volvieras a trabajar. Tu objetivo es calcular tu índice de supervivencia para 20 años y fijarte esa cifra como tu gran meta. Para encontrar la cifra, calcula cuánto necesitas al mes para vivir y multiplícalo por 240, es decir, 12 meses por 20 años. A lo largo de tu vida deberás mantener esa cifra como objetivo último.

El secreto de la creación de la riqueza siempre ha sido el mismo: añadir valor. Toda la gente trabaja por comisión, es decir, recibe como recompensa un porcentaje del valor que genera con su labor. Entre mejores sean tus resultados, más valor añadirás y más elevada será tu comisión.

La mayoría de la gente comienza su carrera con las manos vacías. En Estados Unidos, por ejemplo, casi toda la riqueza que circula ha sido producida en la primera generación y, en su mayoría, empezó con la venta de servicios profesionales, es decir, con un patrimonio forjado a base de sudor. Para lograr el éxito financiero siempre debes buscar la manera de añadirle valor a todo lo que hagas. Decide sumar más de lo que restas, dar más de lo que tomas. Siempre haz más de lo que se espera de ti por el pago que recibes. Siempre ve un poco más lejos en tu trabajo. Napoleon Hill dijo en una ocasión: "Nadie puede evitar que des más de lo que te pagan por hacer, y si vas más allá en todo lo que haces, pronto estarás en el paraíso". Recuerda que en ese camino adicional que recorrerás nunca encontrarás embotellamientos.

¿Cómo puedes añadir valor a tu trabajo? Usando la regla de las tres. Para empezar, haz una lista de todo lo que haces en tu trabajo en una semana o en un mes. Podrías terminar añadiendo 10, 20 o 30 tareas de mayor o menor complejidad.

En segundo lugar, revisa tu lista y pregúntate lo siguiente: "Si solo pudiera hacer una cosa de la lista durante todo el día, ¿con cuál le añadiría más valor a mi negocio o carrera?". Cuando hablo con vendedores, les pido que se pregunten qué actividad les ayudaría más a duplicar sus ingresos.

En tercer lugar, una vez que hayas identificado la actividad que le añade más valor a tu trabajo, vuélvete a preguntar lo mismo: "Si solo pudiera hacer dos cosas de la lista durante todo el día, ¿cuál sería la segunda?".

En cuarto lugar, cuando hayas definido tus dos tareas principales, pregúntate de nuevo: "Si solo pudiera hacer tres cosas de la lista durante todo el día, ¿cuál sería la tercera?".

En casi todos los casos, tus tres actividades en conjunto sumarán 90% o más de todo el valor que le añadas a tu trabajo. Esta es la regla de las tres. La clave del éxito radica en que pases el mayor tiempo posible en esas tres tareas principales y que te dediques a ser cada vez mejor en cada una.

ECHA A ANDAR TU NEGOCIO HOY MISMO

Alrededor de 80% de los millonarios que han amasado sus propias fortunas son dueños de negocios. Empezaron con poco o con nada, pero fueron construyendo algo y luego alcanzaron el éxito económico como dueños de empresas. Te daré otro dato interesante: 90% de las empresas que fueron fundadas por gente con experiencia de negocios triunfó tarde o temprano porque las dirigían empresarios que sabían lo que estaban haciendo. En cambio, 90% de las empresas fundadas por gente sin experiencia terminó fracasando de manera irreversible o, al menos, a corto plazo.

Decide echar a andar tu negocio hoy mismo, incluso como empresario independiente. Si lo inicias, las cosas empezarán a suceder. Cuando fundes tu propio negocio generarás un campo de energía que atraerá a tu vida oportunidades que, a su vez, te permitirán activar el negocio.

En mis conferencias, a veces le pido a la gente del público que saque su tarjeta de presentación, tache el título y, en su lugar, escriba: "Presidente". Luego les pido que tachen el nombre de la empresa y que escriban el nombre de su propio negocio: John Smith Enterprises, por ejemplo. Ahora eres el presidente de tu propia empresa.

Estados Unidos es uno de los países en donde más sencillo es echar a andar un negocio. En promedio toma 26 horas, y si lo haces a través de internet te costará entre 25 y 50 dólares. Empieza un negocio para que puedas ser el dueño de uno, incluso si todavía no sabes qué harás con él.

Puedes formar una empresa como propietario único, basta con que le pongas tu nombre. De esta forma ni siquiera tendrás que registrar el nombre para protegerlo. No necesitas la autorización de nadie para empezar este tipo de negocio bajo tu propio nombre. Si quieres establecer una Corporación S, también puedes hacerlo a muy bajo costo en internet. La ventaja de ser propietario único o Corporación S es que todo lo que inviertas para echar a andar el negocio al principio podrás deducirlo de tus ingresos el mismo año si lo justificas como una deducción legítima de negocios.

El Servicio Interno de Impuestos (irs, por sus siglas en inglés) les permite a los dueños de negocios deducir gastos de su ingreso y, así, reducir la cantidad de ingresos por pagar. En cambio, si eres empleado de un negocio y recibes cheque de nómina, no tienes acceso a ninguna de estas deducciones. Como dueño de negocio puedes deducir gastos por los que, de otra manera, tendrías que pagar con dólares después de impuestos, como viáticos, gasolina, rentas, automóviles y comidas. En 2021, por ejemplo, el irs te permitía deducir 56 centavos de dólar por cada milla que viajaras con la esperanza de reunirte con otros empresarios y hacer negocios. Si manejas 10 mil millas con un propósito de negocios, puedes deducir 5 600 dólares de tu ingreso gravable.

A partir de este momento trata de verte como el presidente de tu propia empresa de servicios. Echar a andar tu propio negocio es, en realidad, muy sencillo, solo es necesario que encuentres, crees, adquieras u ofrezcas un producto o servicio a un precio que te permita generar una ganancia.

Por favor comprende que para iniciar un negocio debes vender algo. La gente que empieza a veces se queda asombrada en cuanto descubre cuánto tiempo debe pasar hablando con otros para que compren su producto o servicio. Muchos detienen sus proyectos porque tienen miedo a vender. ¿Qué sucede si vender te da miedo? Piensa que solo sientes temor porque no sabes cómo hacerlo, pero pasa lo mismo con el paracaidismo o con los malabares con cuchillos. No permitas que no poseer una habilidad que podrías aprender te impida cumplir tus sueños financieros. Solo compra un curso, lee un libro, inscríbete a un seminario y aprende a vender con eficacia.

Piensa lo siguiente: *Para iniciar un negocio necesito encontrar algo que pueda vender a un precio mayor que el que pagué.* Este ha sido el punto de inicio de todas las grandes fortunas de la historia. Todas las habilidades necesarias para los negocios, las ventas y la generación de recursos se pueden aprender. Nadie empieza sabiendo cómo hacer todo: diseño de un plan de negocios, análisis de mercados, redacción de textos publicitarios, creación de presupuestos, determinación de costos y precios, promoción de un negocio. Sin embargo, todo se puede aprender. Nadie empieza sabiendo todo: la gente aprende con el tiempo. Entre más rápido aprendas, más pronto serás exitoso.

Una vez que hayas adquirido una habilidad de ventas o negocios, podrás reutilizarla. En una ocasión le preguntaron su opinión sobre este tema a Richard Branson, el empresario británico. "Todo es más o menos lo mismo. Una vez que entiendes los principios para fundar y construir un negocio, puedes repetir el procedimiento una infinidad de veces para crear otras empresas". Branson ha incursionado en los ámbitos de la música, las líneas aéreas, los globos aerostáticos y el desarrollo de centros vacacionales. Siempre usa los mismos principios, como si fueran moldes para hacer galletas. Si él los repite y tiene éxito, tú también puedes lograrlo.

También piensa que cada vez que usas una habilidad de negocios o para la generación de recursos, te vuelves más hábil en ella: cometes menos errores y obtienes mejores resultados. Como ya lo mencioné, si cuenta con experiencia, la gente que echa a andar negocios tiene éxito en un índice de 90%. Esto se debe a que sabe bien lo que hace. Quienes empiezan sin ninguna experiencia de negocios van a tientas y terminan en bancarrota. Fíjate como objetivo devorar toda la información sobre negocios que tengas a tu alcance y aprender todo lo que puedas, no solo antes de empezar el negocio, sino a lo largo de toda tu carrera.

VALENTÍA Y HABILIDADES

Las cualidades clave para fundar y construir tu propio negocio son también las fuentes de mayor riqueza en la actualidad: valentía y habilidades. Toda la gente empieza con poca valentía y capacidades, pero recuerda que cuando haces lo que temes, surge el valor, y cuando aplicas la habilidad en la que no eres tan competente, la desarrollas.

Es fundamental que entiendas esto porque muchos piensan así: *En cuanto tenga la suficiente confianza en mí mismo, haré la llamada. En cuanto me sienta fuerte y valiente, lo haré.* ¡No, no! Las cosas no funcionan así. Uno primero debe hacer lo que le provoca miedo, así se desarrolla la valentía. Muchos piensan: *En cuanto me sienta cómodo llamando a posibles clientes o a los que ya tenemos, empezaré a trabajar en ello,* pero no, primero haces las cosas, aunque no tengas una gran habilidad, y luego esta se desarrolla.

Una parte vital del éxito en los negocios radica en pensar a través de lo que vendes y a quién se lo vendes. Empieza con la misma pregunta que hacemos cuando alguien toca a la puerta: ¿quién? ¿Quién es tu cliente? ¿Por qué un cliente tendría que comprar un producto? ¿Qué es lo que considera valioso? Es muy importante entender quién es tu cliente y por qué te compra. ¿Qué beneficios específicos busca al adquirir tu producto o servicio? ¿En tu publicidad y tu presentación se explica con claridad que el cliente recibirá estos beneficios?

La falta de claridad es la principal causa del fracaso en las ventas porque el hecho de que el posible comprador no entienda a la perfección implica un obstáculo para el cierre del trato. Como el comprador no tiene claro qué beneficio obtendrá al adquirir tu producto o servicio, te dice: "Déjeme pensarlo", que en realidad es otra manera de decirte adiós para siempre.

¿De qué manera tu producto o servicio mejora la vida o el trabajo de tu cliente? Recuerda que, de acuerdo con estudios psicológicos que se han realizado, los clientes compran por la manera en que se sienten una vez efectuada la transacción. Dicho de otra forma, lo que se preguntan es: "¿Cuál sería el resultado si yo adquiriera tu producto o servicio?". El cliente se proyecta hacia el futuro, al momento después de la compra, y tiene que visualizarse con claridad en una situación mejor. Si adquiere lo que le ofreces, ¿estará mejor que si usara su dinero para comprar otra cosa?

Te haré algunas preguntas: ¿por qué tus clientes no te compran? ¿Qué se los impide? Si resulta evidente que tu producto o servicio les conviene, ¿por qué te dicen que no? ¿Qué perciben y por qué eso los hace dudar? Si lograras identificar el problema y eliminarlo, podrías incluso duplicar tus ventas y tus ingresos; construir un negocio exitoso y alcanzar la libertad financiera.

¿Quiénes son tus competidores? ¿Por qué tu cliente prefiere comprarles a ellos? ¿Cuál es su percepción? Desde la perspectiva de tu cliente, ¿qué hace más atractivo lo que ofrece el competidor? ¿Cómo podrías solucionar esto? ¿Cómo minimizar la ventaja de tu competidor? Lo que ofrecen tus competidores, ¿lo puedes reemplazar con algo que tú hagas mejor?

¿Cuál es la originalidad de tu propuesta de venta? Con esto me refiero al beneficio o ventaja que solo tú puedes ofrecerle a un cliente, y por el que ella o él estaría dispuesto a pagar. ¿Cuál es tu ventaja competitiva? ¿Qué es lo que hace que tu producto o servicio sea superior a los de tus competidores? ¿En qué área eres excelente? ¿Qué ofrece tu producto o servicio que sea mejor que cualquier otra cosa en el mercado?

Todas estas preguntas son esenciales para el éxito en los negocios. Si no sabes qué es lo que hace que tu producto o servicio sea único, si no sabes qué te hace superior a tus competidores o en qué área eres excelente, no podrás ni siquiera preparar una buena presentación simple de negocios. No podrás crear un anuncio. Vaya, no podrás ni siquiera identificar al cliente.

En cuanto inicies tu negocio, dedica 80% de tu tiempo y esfuerzo a las áreas de ventas y adquisición de nuevos clientes. Los negocios que triunfan tienen algo en común: ventas elevadas. Los negocios que fracasan, en cambio, venden poco. Si no tienes mucho dinero al principio, empieza de a poco y ve probando paso a paso y con cautela.

ENFÓCATE EN EL FLUJO DE EFECTIVO

Trata de hacer crecer tu negocio hasta conseguir un flujo de efectivo y ganancias. No es necesario que vendas tu casa y tu automóvil, ni que arriesgues todo para comenzar la aventura, puedes empezar con un negocio modesto y una inversión limitada, e ir aprendiendo las habilidades necesarias a medida que vayas creciendo.

Mantén un registro detallado de todas las transacciones que realices. Siempre ten claro de dónde viene tu dinero y adónde se va. Muchas empresas que inician compran un producto o servicio por 50 centavos y lo venden por un dólar, y entonces creen que están obteniendo una ganancia de 100%, pero, a fin de mes, se sorprenden al ver que están perdiendo dinero. Es porque no tomaron en cuenta la gasolina, la renta, los servicios, el pago a empleados, el costo de envíos, los cargos por telefonía, su propio salario, las comidas… Algunos empresarios no se dan cuenta de que incluso con un sobreprecio de 100% pueden terminar en la ruina.

Necesitas saber de dónde proviene tu dinero y adónde va. De nuevo, te recomiendo hacer una lista: incluye en ella cada centavo que gastes y que recibas, todo esto forma parte de la base de tu contabilidad. Mejor aún, consigue un sistema contable en línea y todos los días integra a él la información de cada centavo en el lugar que le corresponda.

Siempre concéntrate en las ganancias netas de tu negocio, no en el margen bruto de ventas. Es decir, lo que importa no es la línea de arriba, sino la de abajo. Enfócate en cuánto tendrás como ganancia cuando sustraigas tus gastos. Asegúrate de que lo que hagas justifique la cantidad de trabajo e inversión.

Enfócate en el flujo de efectivo. La cifra más importante en todo negocio es la de este mismo, al cual con frecuencia también se le llama flujo de efectivo positivo. Este flujo es como el flujo sanguíneo y el oxígeno que deben llegar al cerebro de tu negocio. Si, por alguna razón, el efectivo deja de fluir durante algún tiempo, tu negocio podría colapsar de la noche a la mañana, así que siempre presta muchísima atención a este aspecto.

La primera regla para él éxito en los negocios es no perder dinero. Un multimillonario dijo en una ocasión que *él* tenía dos reglas. La primera era no perder dinero, y la segunda era: de llegar a sentirse tentado, siempre volver a la regla número uno. Es mejor que el dinero permanezca en el banco generando intereses, que perderlo. Porque, cuando uno pierde dinero, también pierde el tiempo que le tomó acumularlo para empezar. No solo se trata del aspecto económico, sino del temporal también. Estamos hablando de semanas, meses e incluso años de nuestra vida.

LA BOLSA DE VALORES

Ahora hablemos de la inversión en la bolsa de valores, porque es un tema muy popular. Después de hacer una investigación exhaustiva, creo que te puedo ofrecer varias reflexiones importantes.

La primera es que los millonarios que amasan sus propias fortunas no lo hacen gracias a su actividad en la bolsa de valores. De hecho, muy poca gente gana dinero en ella. Asimismo, 80% de los expertos en esta área, gente con muchos años de experiencia, es incapaz de vencer los rendimientos de la bolsa en el tiempo. De los miles de fondos mutualistas que hay y que son manejados por los directores financieros más astutos del mundo, 80% no vence los rendimientos. Dicho de otra forma, si tomaras una página de *The Wall Street Journal*, vieras la lista de acciones de la Bolsa de Valores de Nueva York, lanzaras dardos y compraras las acciones que marcaron los dardos al caer, te iría igual de bien que a 80% de las mentes financieras más destacadas que trabajan hoy en día en los mercados financieros.

Los millonarios que amasan sus propias fortunas pueden guardar su dinero durante algún tiempo en la bolsa de valores, pero, por lo general, lo hacen en acciones seguras con valor estable. Me refiero a acciones sólidas y reconocidas como las de Microsoft y Coca-Cola, las cuales no tienen muchos altibajos porque le venden productos y servicios esenciales a una gran cantidad de gente.

Estos millonarios invierten un promedio de seis minutos diarios en revisar sus inversiones. Si le preguntaras a uno: "¿Cómo le está yendo a tu portafolio de inversión?", te diría que no tiene idea porque rara vez echa un vistazo. Lo único que hizo fue tratar de invertir con cautela y luego retomó su empleo principal.

Warren Buffett se convirtió en uno de los hombres más ricos del mundo comprando y vendiendo acciones: es la persona más capaz del mundo para elegir acciones y su valor neto estimado en 2021 era de 108 mil millones de dólares. Hace poco escribió que, hoy en día, en el mercado de valores no había nada que valiera la pena comprar. ¿Por qué? Porque las acciones no añaden valor. Entrar y salir del mercado, comprar y vender no lo genera. El intercambio de acciones no fortalece nada. La única manera en que puedes adquirir y lograr gran riqueza es añadiendo valor de una forma u otra.

Si vas a invertir en la bolsa de valores, tal vez lo mejor sería que lo hicieras en fondos indexados. Este tipo de fondos rastrean el mercado, tienen mejor desempeño que casi todos los fondos mutualistas, así como el costo más bajo de adquisición y ventas. Es decir, compran un poco de todas las acciones del Dow Jones o de Standard & Poor's durante un intercambio específico, y tu inversión solo rastrea los rendimientos.

BIENES RAÍCES

La inversión en bienes raíces es otra de las claves para la creación de riqueza. La propiedad de un inmueble que produce ingresos es una de las fuentes de riqueza más importantes en Estados Unidos. Es posible comprar bienes raíces sin dar un enganche, pero para eso se requiere un vendedor muy motivado, alguien que esté ansioso de vender y no tenga una idea clara de lo que vale su propiedad. Un vendedor motivado podría ser alguien que tiene que ofertar su casa porque acaba de declararse en bancarrota, de divorciarse, de ser transferido a otro estado o porque sufrió una pérdida importante. Dicho de otra forma, está ansioso por deshacerse de la casa y, quizá, no sepa cuánto vale.

En cuanto a la inversión en bienes raíces sin dar enganche, los expertos recomiendan analizar 100 propiedades antes de hacer una lista de 10 por las que se podría realizar una oferta. De estas 10 casas, tal vez puedas comprar una. Por lo tanto, se requieren varias semanas o incluso meses de trabajo arduo para encontrar una propiedad que se pueda adquirir sin enganche.

También es importante ser muy cauteloso al comprar en remates inmobiliarios, porque recuerda que el dinero fácil no existe. Debes prestar atención a cada centavo y hacer lo necesario para no perder dinero. Incluso si logras adquirir una propiedad sin dar un enganche, de todas formas tendrás que cubrir comisiones a los bancos, comisiones por hipoteca, gastos de cierre, honorarios legales, escrituración y toda una serie de gastos ocultos. Además, todo esto tiene que pagarse en efectivo y de inmediato. Una vez que seas el propietario, tendrás que pagar en una primera exhibición todo lo que implique el mejoramiento, la remodelación, los trabajos de urbanismo, reparaciones y publicidad para encontrar un inquilino. Si no aparece uno pronto, tendrás que pagar de tu bolsa los gastos de operación e hipoteca. Muchas casas y edificios de oficinas, por ejemplo, son adquiridos sin enganche, lo cual suena genial, pero luego permanecen desocupados hasta seis meses y el dueño tiene que cubrir los gastos todo ese tiempo.

Uno de los mejores métodos para iniciarse en los bienes raíces consiste en lo que algunos llaman el sistema *La compras, la arreglas*, el cual consiste en adquirir una casa deteriorada por debajo del precio del mercado y luego arreglarla. Al terminar, la rentas o la vendes y generas una ganancia.

La primera vez que se compra y arregla una casa se necesitan meses o incluso un año. La segunda vez toma menos tiempo, quizá seis meses. Cuando ya se cuenta con unos tres años de experiencia, se pueden comprar, arreglar y revender entre cuatro y seis casas al año, y en cada ocasión se genera una ganancia con muy bajo o nulo riesgo. He conocido gente que empezó a hacer esto cuando todavía trabajaba en su empleo de día, así que visitaba las casas los fines de semana.

Una pareja me contó que arreglar su primera casa les tomó seis meses; la tercera les tomó dos o tres; la cuarta, dos meses, y la quinta, un mes. Para cuando terminó el año, ya estaban comprando, arreglando y rentando o revendiendo una casa al mes, y ganando entre 20 mil y 30 mil dólares netos por cada una.

Esta pareja no tenía como objetivo ganar un millón de dólares, solo trabajaba los fines de semana. Después de algún tiempo consiguieron contratistas que empezaron a hacer las labores de remodelación. Luego encontraron banqueros e instituciones que los financiaron. Siempre tenían contratados anuncios para encontrar inquilinos. A pesar de que ambos conservaron sus empleos, el simple hecho de comprar y arreglar casas les permitió generar un patrimonio sustancial.

Al realizar esta labor lo que haces es añadir valor a los bienes raíces porque los vuelves más atractivos para poder rentarlos a un precio más elevado, lo cual aumenta su valor en el mercado. También puedes venderlos y obtener una ganancia. La clave del éxito en los bienes raíces consiste en pensar a largo plazo, es decir, en hacer lo que acostumbran los millonarios que amasan sus propias fortunas. Nunca compres un inmueble con la idea de especular y creyendo que podrás venderlo y obtener una ganancia. Antes de siquiera comprar algo, piensa que continuarás siendo el dueño unos cinco o 10 años.

La especulación, es decir, comprar y vender propiedades, es como jugar a las sillas. Cuando la música se acaba, alguien siempre se queda de pie y sin silla. Hoy en día hay miles o millones de personas que jugaron a las sillas y terminaron sin nada, en bancarrota, en la ruina total. No permitas que esto te suceda a ti también.

Una de las claves en esta área es conocer todos los detalles de la propiedad. Imagina que adquirir un inmueble es como comprar acciones en cierto vecindario, de la misma manera que adquirirías acciones de una empresa en la bolsa de valores. Conoce y aprende cada detalle de la propiedad, la ciudad, el vecindario, la economía local, las escuelas de la zona, los centros comerciales y las calles y carreteras. Familiarízate de manera íntima con la propiedad antes de comprarla. Los especuladores más competentes caminan por toda la propiedad y el vecindario, lo hacen a diferentes horas del día, entre semana, los fines de semana y por la noche. Escuchan el ruido del tráfico y averiguan de dónde proviene.

La primera vez que compré una casa, lo hice en verano. El precio era justo y sentí que me estaban ofreciendo un buen trato. Luego se cayeron las hojas de los árboles y, de repente, lo que amortiguaba el ruido desapareció. Resulta que a cuadra y media había una carretera y en casa podíamos escuchar, las 24 horas del día, el rugir de los camiones, los automóviles y las motocicletas.

En la noche necesitábamos tapones para los oídos porque, de lo contrario, el ruido no nos dejaba dormir.

A partir de ese momento, siempre que tuve que volver a comprar un inmueble, primero investigué la zona con detalle para asegurarme de que no hubiera carreteras que sumieran al vecindario en un infierno de ruido cuando el clima cambiara.

EL HÁBITO DE AHORRAR

Tu objetivo a largo plazo es alcanzar la independencia financiera, y la manera más sencilla de lograrlo es desarrollando el hábito de ahorrar entre 10 y 20% de tus ingresos a lo largo de toda tu vida.

Si, como la mayoría de la gente, hoy empiezas este proyecto endeudado, puedes comenzar por ahorrar 1% de tus ingresos y vivir con 99%. En cuanto logres esto, aumenta tu índice de ahorro a 2%, luego a 3%, a 5 y, en algún momento, a 10%. Dentro de un año, aproximadamente, podrás vivir muy cómodo con solo 80 o 90% de tu ingreso, y estarás ahorrando e invirtiendo el resto. Si haces esto siempre, llegarás a ser millonario.

Este método funciona porque los seres humanos son creaturas de hábitos. Es decir, primero te acostumbras a gastar todo lo que ganas, pero si primero te pagas a ti mismo, antes de tocar tu sueldo para cualquier otra cosa, y si ahorras el resto, te acostumbrarás a vivir con lo que reste. Dentro de poco, eso que te parecía un poco difícil al principio, dejará de representar una incomodidad. Y así, tu patrimonio financiero empezará a crecer.

Los millonarios que amasan sus propias fortunas desarrollan el hábito de vivir dentro de sus posibilidades. De hecho, la clave del éxito financiero se puede resumir en seis palabras: *gasta menos de lo que ganes*. Gasta menos e invierte el resto.

LAS CINCO COSTUMBRES PROHIBIDAS

Hay cinco costumbres que debes evitar:

1. No trates de ganar dinero fácilmente ni te dejes llevar por esquemas e ideas que hacen parecer que uno puede volverse rico de la noche a la mañana.
2. No trates de obtener recompensas sin trabajar. La gente que alcanza el éxito financiero trabaja con ahínco y durante mucho tiempo.
3. No esperes que alguien más haga las cosas por ti: tú eres el responsable de tu vida.
4. No confíes en la suerte ni esperes que suceda un milagro. En el aspecto financiero, nunca se presentan.
5. No esperes tener éxito la primera vez. Antes de desarrollar la experiencia y obtener la sabiduría que necesitas para amasar y conservar una fortuna, cometerás cientos de pequeños errores.

LAS CINCO COSTUMBRES QUE DEBES OBSERVAR

Permíteme terminar este capítulo con cinco costumbres o hábitos para el éxito económico:

1. Estudia y entiende todos los aspectos de cualquier inversión que hagas en tu vida. Si no entiendes una inversión, mejor no arriesgues tu dinero en ella.

2. Todo el tiempo busca maneras de añadir y aumentar el valor de cada situación.

3. Prepárate para volverte rico de manera gradual. Todas las fortunas sólidas de verdad son producto de la creación paciente de recursos a largo plazo.

4. Sé frugal siempre. Ten cuidado y analiza cómo invertir y gastar tu dinero. Siempre cuídalo como si fueras un halcón.

5. Decide hoy mismo aumentar tu índice de ahorro de 10 a 20% de tus ingresos para toda la vida. Luego invierte la diferencia de manera informada. Y, por último, no pierdas dinero.

Todas las habilidades necesarias para generar dinero se pueden aprender, puedes aprender cualquier cosa que necesites para alcanzar las metas que te propongas. Casi toda la gente que hoy en día es rica empezó siendo pobre. Si analizas lo que han hecho otras personas para alcanzar el éxito financiero, y si repites sus comportamientos y acciones, tarde o temprano tendrás los mismos resultados: alcanzarás la independencia financiera que esperas y anhelas.

Capítulo 8

Cómo volverse millonario

Anteriormente mencioné que en los años por venir habrá más oportunidades que nunca de que muchos se vuelvan millonarios. Sin embargo, es importante señalar que las reglas para lograrlo no han cambiado desde hace muchísimo tiempo.

GASTA MENOS DE LO QUE GANES

Como lo dije con insistencia en el capítulo anterior, debes gastar menos de lo que ganes, y ahorrar o invertir el resto. Hace algunos años ofrecí un seminario sobre logros y éxito financiero. Durante el descanso, varias personas muy bien vestidas se quedaron de pie rodeándome al fondo del escenario. Un hombre se abrió paso entre la multitud, me dio la impresión de que se encontraba en una mala situación: venía mal vestido y, en cuanto empezó a hablar, fue obvio que tenía un problema mental, o al menos eso me hizo suponer su insistencia.

—Señor Tracy, ¿yo también puedo alcanzar el éxito? —me dijo. Yo no supe qué responder, pero entonces continuó—: Señor Tracy, yo vivo en un hogar comunitario —dijo, y después de eso comprendí mejor su situación—. Reparamos muebles —con esto comprendí su tipo y nivel de competencias—. Ahorro 100 dólares al mes. Si continúo haciéndolo, ¿llegaré a tener éxito, señor Tracy?

Aunque no lo hago con frecuencia, justo el día anterior estuve leyendo cuadros con cifras que explicaban el interés compuesto, y descubrí que si ahorras 100 dólares al mes e inviertes en un buen fondo mutualista con un crecimiento de 10% anual, y si haces eso de los 20 a los 65 años, podrías alcanzar un valor neto de 1 118 000. A ese joven, sin ventajas en la vida, alguien le había dado un buen consejo. Ahora ahorraba 100 dólares mensuales de su salario y tenía la oportunidad de llegar a ser una de las personas más ricas de su comunidad. Podría llegar a ser más rico que muchos médicos, abogados, arquitectos, ingenieros y gente de negocios que no ahorraban tanto como él porque, como dijo Albert Einstein: "El interés compuesto es la fuerza más poderosa del universo".

Si invertir 100 dólares al mes de manera regular te puede volver rico, imagina lo que lograrías si ahorraras 200, 300 o 500 dólares. Gasta menos de lo que ganes, págate primero, ahorra 10% de cada cheque de nómina que recibas y vive con lo que te quede. Como ya dije, si no puedes hacer esto, empieza con 1% y vive con 99% hasta que desarrolles el hábito y te parezca fácil y natural vivir con menos dinero.

Cuando era joven y apenas empezaba, Lloyd Conant, fundador de la empresa de programas de audio Nightingale

Conant, me dijo: "Brian, tienes la habilidad de ganar mucho dinero en tu vida, pero recuerda: lo importante no es cuánto ahorres, sino cuánto logres conservar de eso".

¿Cómo puedes conservar tu dinero? Es muy sencillo: retrasa, difiere y procrastina en todo lo referente a gastos. Si estás planeando comprar una casa, un automóvil o un bote, o tal vez hacer un viaje, date 30 días para decidir. Nunca te apresures a hacer un gasto oneroso, ni siquiera si se trata de un sistema estéreo de audio. Si haces esto, notarás algo asombroso: tal vez pienses durante algún tiempo en ese fuerte gasto, pero el deseo empezará a desvanecerse. Pensarás: *Mmm, tal vez sería mejor que ahorrara ese dinero y lo invirtiera en algo que creciera en lugar de gastarlo en este momento.*

Esta es la mentalidad de los millonarios que amasan sus propias fortunas. Nunca compres nuevo algo que puedas conseguir usado. De acuerdo con los estudios realizados entre millonarios que empezaron de cero, ellos nunca compran automóviles nuevos. ¿Por qué? Porque, debido a la depreciación, si compras un automóvil nuevo, con solo sacarlo de la agencia perderá 30% de su valor. Los millonarios de los que te hablo compran buenos automóviles usados, de dos o tres años atrás porque, aunque ya sufrieron la depreciación, su garantía continúa vigente. Compran este tipo de vehículos y los manejan 10 años, hasta que se caen de viejos. Todo el dinero que otras personas usarían para comprar un automóvil nuevo, ellos lo aprovechan para adquirir propiedades, invertir de manera informada en sus negocios y poner su dinero donde pueda crecer. Si pudieras comprar un automóvil nuevo solo cada 10 años, manejarlo hasta que ya no dé más, tomar todo el dinero que ahorraste e invertirlo de manera informada, darías un salto cuántico hacia la independencia financiera.

RASTREA TUS GASTOS

Tú cuenta los centavos, y los dólares se cuidarán por sí solos. Un estudio reciente muestra que la gente que rastrea sus gastos ahorra 50% más que la que no lo hace.

Lleva siempre una pequeña libreta de espiral en tu bolsillo, y cada vez que gastes dinero en algo, escríbelo. Los psicólogos han descubierto que escribir algo te permite cobrar conciencia de ello, es decir, le prestas mucha más atención. Si compras un café capuchino *latte frappé* doble con leche descremada de 4.35 dólares, anótalo. Si compras un periódico o una Coca-Cola, anótalos; si comes fuera, anótalo. En cuanto empieces a anotar y a llevar un registro de las cifras, notarás que, de manera automática, gastas menos. La gente que hace esto durante un mes ha descubierto que, después de ese lapso, gasta 50% menos porque se da cuenta de que muchas de sus compras son irreflexivas e innecesarias. A veces ni siquiera pensamos en lo que estamos haciendo.

AÑADE VALOR

Como ya lo mencioné, toda la riqueza se genera al añadir valor de alguna manera. Uno añade valor haciendo cosas más importantes, es decir, primero identificas lo que le interesa de verdad a tu cliente, y lo haces. Cada vez que haces algo más rápido, de mejor manera y a un menor costo, estás añadiendo valor, es la clave del éxito en los negocios: más rápido, mejor, más económico. Todos los días trata de identificar maneras de servirles a tus clientes con estas tres ventajas.

Otras maneras de añadir valor son reduciendo costos y ofreciéndole a la gente más de lo que quiere y necesita a precios que esté dispuesta a pagar. Recuerda la famosa cita del orador motivacional Zig Ziglar: "Con solo ayudar a los otros a obtener lo que desean, tú puedes conseguir todo lo que quieras en la vida".

DE DÓNDE VIENEN LOS MILLONARIOS

¿De dónde vienen los millonarios que amasaron sus propias fortunas en Estados Unidos? Digamos que 74% son empresarios connotados como Bill Gates, su socio Paul Allen, Warren Buffett, Larry Ellison, Michael Dell y Sam Walton. Todos empezaron con las manos vacías y echaron a andar sus negocios con muy poco dinero y una enorme cantidad de patrimonio en sudor. Y como dato interesante, te diré que la fuente número uno de creación de empresarios multimillonarios es la de los negocios de teléfonos celulares.

La segunda fuente de millonarios que empezaron de cero, con un índice de 10%, es la de los ejecutivos con buenos salarios: gente que trabaja para compañías muy importantes y recibe un salario competitivo y opciones de acciones, y que siempre trata de conservar el dinero que gana.

La tercera categoría de estos millonarios, con un índice también de 10%, consiste en profesionales como médicos, abogados, arquitectos o ingenieros que son exitosos en su carrera y acumulan sus ganancias.

El siguiente grupo, equivalente a 5% de los millonarios que amasaron su propia fortuna, es el de los vendedores. Tal vez trabajaron para una o varias empresas, pero toda su vida vendieron. Generaron mucho dinero, lo guardaron y se aferraron a él.

¿Cuál es la habilidad más importante para generar riqueza? La de vender.

El éxito en la actividad empresarial se basa en tu capacidad para echar a andar un negocio y vender algo. Si combinas las categorías de los empresarios y los vendedores, es decir, 74% más 5%, notarás que 79% de los individuos se han vuelto millonarios gracias a las ventas.

El 1% restante de riqueza no heredada en Estados Unidos proviene de todas las demás fuentes juntas: escritores, estrellas de cine, inventores. Sin embargo, al ver los periódicos y las revistas, uno podría pensar que estas actividades representan la fuente principal de riqueza en nuestro país. No es así: la gente que por accidente encontró dinero, ganó la lotería o se volvió estrella de rock, es muy poca. Casi todo tu potencial para el éxito depende de tu habilidad para echar a andar un negocio y vender un producto o servicio.

CUALIDADES DE LOS MILLONARIOS

Una de las cualidades más importantes de los millonarios que han amasado sus propias fortunas es la *honestidad*. Earl Nightingale solía decir que si no hubiera honestidad, tendría que inventarse, porque es la única manera de volverse rico, y la razón es muy simple: todos los negocios se basan en la confianza. Para que alguien tenga éxito en esto, es necesario que la gente confíe en él o ella. Los clientes tienen que confiar al adquirir sus productos o servicios; el personal tiene que confiar en sus jefes; el banco tiene que confiar en ellos; también los proveedores. De hecho, si observas con cuidado verás que los empresarios son de la gente más honesta que hay. Si un empresario es deshonesto, tarde o temprano la gente se entera por los periódicos. De los 26 millones de negocios en Estados Unidos, solo una diminuta fracción son deshonestos, porque en este negocio eso te puede llevar a la quiebra. De hecho, como tu integridad se vería comprometida, tendrías que mudarte a otro país y empezar de nuevo.

La segunda cualidad de los millonarios que crearon su propia riqueza es la *disciplina personal* o *autodisciplina*, como le llaman algunos. Después de décadas de investigación, Napoleon Hill llegó a la conclusión de que la disciplina personal era la clave de la riqueza, es decir, la capacidad de obligarte a ti mismo a hacer lo que deberías, en el momento correcto, y quieras o no. Despiértate sin ayuda de nadie por la mañana, ponte a trabajar, concéntrate en las tareas prioritarias, paga el precio del éxito y avanza en la vida. En el capítulo 10 hablaré más de la disciplina personal.

La tercera cualidad de los millonarios que no heredaron su fortuna es que *se llevan bien con otros*. Para tener éxito, los millonarios de los que hemos hablado tienen que complacer a una gran cantidad de gente. Son personas simpáticas, les agradan a los otros y todos quieren comprar sus productos o servicios. La gente está dispuesta a trabajar con ellos y para ellos, también a prestarles dinero. Es muy importante tomarse el tiempo necesario para ser agradable con la gente. Asimismo, estos millonarios tienen cónyuges que los apoyan. Tener un cónyuge que te respalde te ahorra una enorme cantidad de energía porque, para empezar, no pasas la mitad de tu vida organizando citas y saliendo para conocer gente. Toda la energía que perderías en una relación o matrimonio problemático, o en encontrar pareja, la tienes a tu disposición y puedes usarla para enfocarte en tu negocio. Además, al lado de casi todo millonario o multimillonario hay una mujer que lo apoya todo el tiempo. Al lado de toda mujer millonaria o multimillonaria, también hay un hombre sólido.

La quinta cualidad de este tipo de millonarios es que *trabajan con ahínco*. En las decenas de miles de entrevistas que existen con estas personas, les han preguntado cómo lograron acumular un millón de dólares en su vida. Alrededor de 85% dijo lo mismo: "Yo no era el más hábil en la escuela ni sacaba buenas calificaciones. Entonces noté que a mucha gente le iba mejor que a mí, pero sabía que estaba dispuesto a trabajar más duro. Ellos, al contrario, no tenían la misma disposición que yo".

En una conferencia reciente, el presidente de una corporación nacional contó una inspiradora historia sobre un amigo suyo que ganó siete triatlones Iron Man consecutivos en Hawái. El Iron Man es el triatlón más exigente del mundo, tienes que correr 45 kilómetros, nadar cinco y andar 200 en bicicleta. El presidente le preguntó a su amigo: "¿Cómo pudiste correr y ganar tantos de los triatlones más competitivos del mundo?", y el amigo le respondió: "Muchos de los participantes tienen una estructura física mejor que la mía, pero yo gano porque ellos no están dispuestos a sufrir tanto como yo".

¿No es esa la razón del éxito? La gente que triunfa está dispuesta a sufrir lo que sea necesario —noches y fines de semana de trabajo adicional, el estrés, las dificultades— y continuar esforzándose.

La sexta cualidad de los millonarios que amasaron su propia fortuna es que *hacen lo que aman*. La mayoría te dirá: "Yo nunca he trabajado en mi vida, solo hago lo que me fascina y me pagan muy bien por ello".

Mientras estés experimentando y probando con distintos empleos y carreras, busca algo que en verdad disfrutes. Si te dedicas a ventas, busca un producto que te encante, que uses y te emocione. Busca el tipo de clientes a los que te encantaría venderles y los mercados donde serías feliz trabajando, para que cuando vayas a la oficina estés feliz todo el tiempo.

Verás que para tener éxito es esencial encontrar algo que te encante. Ofrece un producto que adores y véndele a gente que en verdad te importe. Si, por el momento, no gozas de estas ventajas, prueba en otro ámbito. Esto no significa que estés haciendo algo mal, sino que tal vez estás en el lugar y el momento equivocados.

PADRE RICO, PADRE POBRE

Mi buen amigo Robert Kiyosaki es famoso por la filosofía "Padre rico, padre pobre", que se basa en identificar que las personas se dividen en cuatro categorías. La primera es la de los *empleados*, quienes trabajan por un salario. Fuera de lo que incluye su cheque de nómina, no reciben beneficios fiscales. Para una persona que trabaja por un salario es difícil lograr la independencia financiera. Mi amigo Mark Victor Hansen dice: "Son *empleados*, pero empleados para que abusen de ellos hasta dejarlos en la ruina".

La segunda categoría es la de la gente *autoempleada*. Se refiere a los contratistas independientes, a quienes trabajan por comisiones, ingresos y bonos, y se mueven como lobos solitarios.

La tercera categoría es la de los *empresarios*. También son lobos solitarios, pero contratan a algunas personas para que hagan labores especializadas y, gracias a ello, pueden producir más que los autoempleados.

El cuarto grupo es el de los *inversionistas*. Estas personas invierten su dinero para crear fuentes de ingresos, o lo que llamamos ingreso pasivo. Invierten en una empresa o negocio que está administrado por otros y genera ganancias constantes. Por ejemplo, los pozos petroleros, o los bienes raíces comerciales o residenciales.

La riqueza es ingreso de otras fuentes. Tengo un buen amigo que migró hace muchos años del Líbano. No hablaba inglés cuando llegó, pero ahora tiene un valor neto asombroso. Un día, hace tiempo, tuvimos una conversación.

—Brian, ¿cuánto dinero ganas? —me preguntó.

—Pues, me va bastante bien.

—Con base en lo que sé sobre tu negocio, diría que estás haciendo tal cantidad de dinero —dijo. Su cálculo fue bastante preciso. Luego me preguntó—: Aparte de tu trabajo, ¿cuántas fuentes de riqueza tienes?

—¿A qué te refieres?

—Si dejaras de trabajar, ¿cuánto dinero tendrías?

—Si dejara de trabajar, todo se detendría. Como un automóvil que se para de pronto porque se queda sin combustible.

—Entonces no eres un hombre rico. Ganas mucho dinero, pero no eres rico. Uno solo es rico cuando sigue recibiendo dinero, independientemente de si trabaja o no.

Fue como si me diera una cachetada con un pescado helado. En ese momento cambié toda la estructura de mi vida financiera. Empecé a desarrollar en serio los activos, a invertir y todo eso, porque la riqueza en realidad es como encontrar dinero en el buzón, es dinero que llega, trabajes o no.

En la filosofía "Padre rico, padre pobre", el objetivo es dejar de pertenecer al grupo de los empleados (ahorrando dinero) y pasar al de los autoempleados (trabajar por comisión), luego al de los empresarios (con gente trabajando para ti), y al de los inversionistas (donde el dinero trabaja para ti y te sigue llegando, trabajes o no).

La regla dice que debes empezar con las manos vacías, como lo hace la mayoría en la tradición estadounidense. Es como formarse para un gran maratón. Todos empiezan a correr: algunos ganarán y otros se quedarán atrás, con el resto del grupo. Algunos más llegarán a la meta cuando ya todos se hayan ido a casa.

Empiezas con mucho tiempo, pero nada de dinero. El objetivo es que durante el transcurso de tu vida laboral vayas cambiando la proporción, es decir, que a medida que envejezcas tengas menos tiempo, pero más dinero. Al final, debes llegar al punto en que tu dinero gane más que tú. En ese momento puedes renunciar y trabajar tiempo completo dedicado a administrar tu dinero. Esa es la meta. En una etapa temprana de tu vida intercambias tiempo por dinero, más adelante, intercambias dinero por tiempo.

LAS CLAVES DEL PLANEAMIENTO FINANCIERO PERSONAL

A continuación te presento varias claves para que planees tus finanzas personales.

La primera es la *focalización*. Este concepto se refiere al hecho de establecer metas claras para tu vida. Necesitas, por ejemplo, definir el ingreso anual que te gustaría obtener este año, el próximo y el que le sigue. Define también tu ahorro mensual, o sea, ¿cuánto te has propuesto ahorrar cada mes? Escribe todo en la parte superior derecha de una hoja de papel.

El simple hecho de escribir estas cifras hace más probable que las alcances. Si no tienes idea de qué cifra deberías fijarte como ingreso anual, cuando recibas tu resumen de ingresos a final de año, ve cuánto obtuviste. Si no tienes idea de cuánto podrías ahorrar por mes, lo más probable es que, de forma natural, tiendas a gastar tu dinero.

¿Qué valor quieres tener cada mes y cada año? Marca propósitos claros, recuerda que no puedes atinarle a un blanco si no lo ves.

La segunda clave *es analizar tu situación financiera*. Calcula tu valor neto. ¿Cuánto vales hoy? ¿Cuánto debes? ¿Es la cifra exacta? ¿Cuál sería tu valor neto si tuvieras que vender todo lo que posees? Analiza todos los aspectos de tu vida financiera y haz una lista. Imagina que tienes que vender tus activos y mudarte a otro país. Tendrías que hacer una liquidación de emergencia, intercambiar tus pertenencias o hacer una *venta de garage*. ¿Cuánto obtendrías si tuvieras que deshacerte de todo?

Algunas personas podrían decir: "Mis muebles ascienden en conjunto a 100 mil dólares". De acuerdo, pero si tuvieras que venderlos, ¿cuánto te darían por ellos? La respuesta es 10 centavos por dólar. Si tuvieras que vender casi todas tus pertenencias, serías muy afortunado si te pagaran 10 o 20 centavos por cada dólar de lo que valen. Sé honesto, ¿cuál es tu valor neto en este momento y cuál es tu meta para el retiro?

Analiza tu situación actual, escribe cuánto tienes hoy en la parte superior izquierda de una hoja de papel. Al lado derecho escribe la cifra de tu meta para el retiro y luego traza una línea entre ambas. Esta línea te indicará qué tan lejos tendrás que ir para acumular 20 veces tus costos anuales.

La tercera clave es *recortar*, o sea, reducir tus gastos. Calcula de manera minuciosa todos tus gastos y piensa bien las cosas antes de pagar por algo. Antes de realizar un gasto, escríbelo, piensa en él y coméntalo con otras personas. No gastes de forma impetuosa. Si tienes que comprar artículos voluminosos y costosos, procrastina. Examina tus gastos mensuales más fuertes y busca maneras de reducirlos o eliminarlos.

La gente suele comprar o rentar la casa más grande que puede pagar, sin pensar en que, por ejemplo, en junio de 2021 Warren Buffet alcanzó un valor neto de más de 108 mil millones de dólares, pero sigue viviendo en la misma casa de hace 30 años, cuando empezó su carrera, y conduce el mismo automóvil desde hace 10. Antes de fallecer, Sam Walton conducía una camioneta pick up, también de 10 años de antigüedad. Esta actitud respecto al dinero explica lo que hacían ambos: todo el tiempo buscaban maneras de reducir sus gastos. Tú tienes que hacer lo mismo.

La cuarta clave es *volverte más valioso*. Concéntrate en lo que ganas por hora. ¿Cuánto ganaste por hora hoy? Esta cifra la puedes calcular tomando tu salario o ingresos anuales y dividiéndolos entre 2 mil, porque esa es la cantidad promedio de horas que se trabaja en un año. Por ejemplo, si hoy ganas 50 mil dólares al año, debes dividir eso entre 2 mil. El resultado es 25 dólares por hora. Decidir duplicar tus ingresos implica duplicar tu pago por hora y obtener 50 dólares. ¿Qué puedes hacer para aumentar tu valor de tal suerte que alguien esté dispuesto a pagarte 50 dólares por hora?

Esto nos lleva de vuelta a la regla de las tres: ¿cuáles son las tres tareas que le aportan más valor a tu vida y qué puedes hacer para volverte mucho más competente cada vez en ellas? Aplica en tu trabajo la regla 80-20. ¿Qué tareas representan el mayor valor de 20% de lo que haces? ¿De qué manera podrías pasar más tiempo durante el día realizándolas?

Por último, prepárate para cambiar de empleo. En un seminario se me acercó un joven, me dijo que tenía 25 años.

—Señor Tracy, ¿sabe?, me gustaría mejorar mi vida, pero solo soy plomero. He pasado varios años haciendo trabajitos. Ahora trabajo en una empresa de plomería, pero los únicos que en verdad hacen dinero ahí son los vendedores porque les venden suministros de plomería a contratistas —me explicó.

—¿Y por qué no se vuelve vendedor? —le pregunté.

—¿Y renunciar a todo lo que he aprendido como plomero?

—Escuche —le dije—, olvídese de su entrenamiento y de lo que ha aprendido. Su responsabilidad más importante es ganar lo más que pueda. Usted ya sabe casi todo sobre plomería y tiene mucho en común con la gente con la que habla.

—Nunca pensé en ello. El problema es que no sé cómo vender.

—Puede aprender escuchando programas de audio, leyendo libros y asistiendo a cursos.

—¡Dios santo! No lo sabía, claro que lo haré —dijo.

Dos años después, este mismo joven se acercó a mí en otro lugar.

—Señor Tracy, ¿me recuerda? Yo era plomero y usted me sugirió cambiar de empleo. Fue lo que hice y ahora gano tres veces más de lo que obtenía como plomero de tiempo completo. Nunca había ganado tanto dinero en mi vida. Tengo una mejor casa para mis hijos, un automóvil más grande y una vida más acomodada. También le puedo dar a mi familia mejores vacaciones. Muchas gracias por sus consejos.

Algunos empleos tienen un "techo" o límite, y a veces no lo sabes, pero ya llegaste ahí. No importa cuánto trabajes ni cuán competente seas, la empresa no te va a pagar más, así que es hora de conseguir un mejor empleo. Estás preparado para ello y te has convertido en un "buen partido laboral", es decir, eres el tipo de persona que los empleadores querrán contratar.

Capítulo 9

Las claves del emprendimiento

Como lo vimos en el capítulo anterior, 74% de los millonarios que han amasado sus propias fortunas en Estados Unidos son empresarios. Por esta razón, es obvio que ser emprendedor e iniciar tu propio negocio es la ruta más factible para alcanzar el éxito financiero.

Para empezar tu propio negocio necesitas varias cosas. La primera es *aptitud*, es decir, debes ser muy competente en lo que hagas. La gente solo le compra a quien le parece que le puede servir mejor que nadie. Si alguien dice que los productos o servicios de tu competidor son mejores, deberás tomarlo como una afrenta personal. Concéntrate en ser parte de los que conforman el 10% en la parte superior de tu industria, y en ser excelente en tu trabajo.

La segunda clave para empezar tu negocio es el *cliente*. Tu primera misión consiste en conseguir un cliente, la segunda, conseguir otro cliente. La tercera, conseguir otro cliente. Tienes que encontrar clientes todo el día y no descuidar nunca a los que ya tienes. Los clientes son la base del éxito en los negocios. Como ya lo mencioné, las empresas exitosas tienen ventas elevadas, las mediocres tienen ventas bajas, el resto es palabrería.

La tercera clave es el flujo de efectivo que muchos representan con la letra C de *cashflow*. La gente de negocios exitosa piensa en el flujo de efectivo todo el tiempo. Yo sé, hasta en centavos, cuánto entra y sale de mi negocio todos los días. Tengo un reporte muy completo en el que aparecen todos los dineros. Tengo un reporte completo de todas las ventas, de cuántos dólares y centavos de dólar implicó cada una, de cada gasto y factura diarios. No le quito los ojos de encima al flujo de efectivo; soy como un médico tomándole el pulso a un paciente en cuidados intensivos. Es muy importante que hagas esto porque, como dice el orador motivacional Jim Rohn: "Ser incidental respecto a algo provoca accidentes".

CÓMO EMPEZAR

Antes de meterte en un negocio estudia y averigua todos los detalles. Trabaja en el área por lo menos uno o dos días. Trabaja los fines de semana, por las noches y trabaja sin cobrar. Solo di: "¿Sabe? Me gustaría aprender sobre este negocio, ¿podría trabajar gratuitamente para usted?". Nadie te dirá que no, todos contestarán: "Seguro, bienvenido".

Una vez que estés dentro, pregunta y pregunta: "¿Por qué hace eso? ¿Por qué hace aquello? ¿Cómo funciona esto?". Muchos hacen esto para conocer un poco más el área y, después de unas horas o días, dicen: "Este negocio no es para mí" o "Me gusta esto, creo que podría hacerlo de manera competente".

Suscríbete a publicaciones en tu área de negocios y lee todo lo que puedas. Ve a conferencias y ferias de la industria, y asiste a todas las conferencias que ofrezcan los expertos.

Tengo un amigo que vino de Inglaterra como inmigrante y, para sobrevivir, empezó vendiendo espacios de publicidad para una revista modesta que terminó en la ruina. Luego trabajó para otra que también acabó mal. Luego trabajo para una tercera revista que tuvo el mismo destino. Entonces se dijo: "Creo que yo podría publicar una revista", y empezó a buscar opciones. La gente ya le había preguntado cosas como: "¿Por qué en nuestro estado no hay revistas sobre deportes y pesca?", y entonces se le ocurrió algo: "Voy a editar una revista deportiva". Así empezó a publicar una revista no muy extensa y a vender espacios de publicidad porque tenía experiencia en esa actividad. Les pidió a otras personas que escribieran los artículos y él se dedicó a vender los espacios publicitarios de la revista.

Un año después, mi amigo ya era un editor incipiente con una revista modesta. Trabajaba desde casa y solo iba sobreviviendo.

Luego fue a una conferencia para editores de revistas en Nueva York y asistió a una plática sobre contabilidad para publicaciones de spas.

—Digamos que toman su resumen financiero y en la parte superior ven todas sus ventas y luego todos los gastos. Deducen estos de las ventas, y en la parte inferior de la página ¿qué vemos? —dijo el orador.

—El balance.

—¿Y qué representa?

—Representa las ganancias o las pérdidas.

—Así es, esta es la manera en que lo hace la mayoría de la gente. Yo quiero que ustedes lo hagan de otra forma. Quiero volteen las cosas, que el balance esté en la parte superior. Ahí arriba escriban las ganancias que les gustaría obtener cada mes. Abajo escriban las ventas que tendrían que llevar a cabo para obtener esas ganancias y, por último, los gastos en que incurrirán. Empiecen por las ganancias en lugar de dejarlas al final. Podrían tener mejor suerte.

Mi amigo salió de ahí y nunca miró atrás de nuevo. Actualmente es dueño de 29 publicaciones. Es multimillonario y es una de las personas más respetadas del país. Nunca ha perdido dinero, ni un solo mes, ni en ninguna de sus revistas, lo cual es rarísimo en esta industria. Todo se debió a aquella plática a la que asistió, en la que un contador habló de una sola idea.

Te cuento esta historia porque nunca sabes de dónde surgirá una idea brillante y, por lo tanto, debes exponerte a muchas. Tienes que ir adonde se encuentran, es decir, si quieres pescar, pesca donde haya peces. Si quieres aprender a dirigir bien un negocio, ve adonde otras personas de tu ramo hablen sobre cómo hacerlo. Lee, escucha, aprende, habla y pide asesoría.

HAZ CRECER TUS GANANCIAS

Empieza de a poco y haz crecer tus ganancias. Alguien podría decir: "No puedo conseguir un préstamo bancario para iniciar un negocio". Claro que no puedes, los bancos no les prestan dinero a las *startups* o negocios incipientes. Tampoco los inversionistas de capital de riesgo o *venture capital*. Nadie le da dinero a alguien que apenas empieza. Digamos que 90% de todos los negocios nuevos son fundados con *capital amoroso* o *Love money* en inglés. El capital amoroso es tu propio dinero porque tú eres quien ama la idea. También incluye el dinero que te den tus amigos y los miembros de tu familia porque te aman. Empieza con un capital modesto, vende algo, obtén una ganancia y vuelve a empezar el ciclo.

Hay una excelente manera de echar a andar un negocio que muchos han utilizado con excelentes resultados y los ha vuelto ricos. Se trata del mercadeo en redes. Este sistema te ofrece maravillosos productos y servicios de muy alta calidad de salud, belleza y cuidado del hogar, entre otros. En lugar de venderlos a través de tiendas al menudeo, adonde tendrían que llegar como suministros distribuidos por los mayoristas que, a su vez, los recibirían de empresas intermediarias, las empresas toman el dinero que, por lo general, tendrían que pagar por concepto de comisiones y sobreprecios, y lo inyectan a la cadena de mercadeo de redes. Pueden pagar hasta 40, 50 o 60% del precio total al menudeo, y lo pagan de vuelta a la gente que vendió el producto o servicio de manera personalizada a cada comprador.

El mercadeo en redes es un negocio a escala mundial de 140 mil millones de dólares y se sigue extendiendo como incendio forestal. Puedes empezar con una inversión de 100 dólares y hacer crecer tu negocio con base en tus propios resultados, con tu patrimonio personal de sudor. Es una excelente manera de comenzar.

Lo fundamental en el mercadeo en redes es vender algo que te agrade, en lo que creas, que uses y te dé beneficios, y que te parezca que las otras personas disfrutarían y encontrarían ventajoso. Si puedes encontrar un producto o servicio así, serás un gran vendedor.

APRENDE LOS RUDIMENTOS

También puedes empezar en el negocio de alguien más y aprender ahí los rudimentos. ¿Te interesa adquirir una franquicia de Burger King? Entonces tienes que trabajar unas 400 horas en un Burger King. Una vez que hayas solicitado la franquicia tendrás que desempeñarte en cada una de las áreas del negocio hasta que estés inmerso en la hamburguesología, porque, de hecho, así le llaman. Y después de todo ese trabajo, deberías ser capaz de decir: "Sí, este es el negocio en que quiero involucrarme". Hay muchísima gente que piensa: *Quiero una franquicia de Burger King*, pero se echa para atrás en cuanto trabaja en una porque se da cuenta de que no es para ella. El mejor momento para descubrir que un negocio no te conviene es antes de involucrarte en él.

Una vez que hayas iniciado tu negocio, en lugar de usar capital e inversión para mantenerlo trata de hacerlo con astucia y energía. Siempre que puedas sé creativo y utiliza la inteligencia, el trabajo arduo, tu personalidad y tu carácter en lugar de invertir dinero. Hace un par de años me dirigía a dar una conferencia a mil empresarios en potencia. Me detuve en una librería y encontré un libro llamado *1,001 Business You Can Start for Less than 100 dollars*. Ahí estaban todos los negocios posibles, página tras página. La gente me dice: "No tengo suficiente dinero para empezar un negocio", sin embargo, hay miles que se pueden realizar con menos de 100 dólares y que puedes hacer crecer con tu propio esfuerzo.

La clave del éxito en todos los negocios es contar con habilidad de ventas, y eso es algo que puedes aprender. Puedes, por ejemplo, tener una empresa promedio con un producto ordinario y antecedentes comunes, pero si eres un vendedor de alto nivel, serás rico. En cambio, podrías tener el mejor producto, el mejor mercado a tu disponibilidad y la mayor demanda, pero si no sabes vender, pasarás toda la vida preocupado por el dinero.

Antes de empezar, diseña un plan de negocios. Este documento te hace toda una serie de preguntas sobre los temas esenciales como producto, clientes, mercado, financiamiento, publicidad, promoción, producción, servicio, estándares y contabilidad, entre otros. Al redactarlo te ves forzado a contestar las preguntas cruciales respecto a lo que podría fortalecer o destruir tu negocio. Para empezar, puedes entrar a internet, buscar un formato prediseñado de plan de negocios, descargarlo y llenar los campos.

Mucha gente hace su plan de negocios y, de pronto, descubre algo que le hace decir: "Pensé que era una idea genial, pero no puedo llegar ahí desde aquí. Ahora que respondí a todas estas preguntas, veo que no es buena idea en absoluto. Muy pocos clientes podrían pagar lo que quiero cobrar. Tampoco puedo hacer que mucha gente deje de usar el producto de la competencia y cambie al mío". Un plan de negocios te ayuda a pensar en todos estos aspectos antes de que sea demasiado tarde.

Cuando hayas empezado, enfoca 80% de tu tiempo en las ventas y la mercadotecnia. Olvídate de la contabilidad y de cómo llevar los libros, olvídate de las cajas para embalaje y de cómo cargar los camiones. Invierte 80% de tu tiempo tratando de averiguar cómo dominar el mercado: es lo más importante de todo.

Asimismo, practica la frugalidad en todos los aspectos. La gente de negocios exitosa es muy mezquina, quienes no tienen éxito es porque suelen despilfarrar. Durante el estallido de la burbuja *dot-com* en Silicon Valley había gente que obtenía cantidades colosales de financiamiento proveniente de inversionistas de capital de riesgo antes de siquiera contar con una empresa. Lo peor es que se gastaba el dinero en cosas asombrosas. Un grupo de empresarios, por ejemplo, armó una empresa *dot-com*, decidieron recaudar capital a través de un extravagante evento en Las Vegas, al que invitaron a inversionistas de capital de riesgo de todo el país. Gastaron 13 millones en un evento que duró una noche, a pesar de que solo tenían 14 millones de presupuesto de inicio. Llevaron a la empresa que aún no existía del todo a la quiebra, y el dueño terminó en la cárcel por defraudación.

Sé muy estricto con tus gastos, acostúmbrate a usar muebles y equipo usado, también renta oficinas de segunda mano. Compra con atención y solo cuando sea estrictamente necesario. Solo adquiere la cantidad que requieres en ese momento. Actúa como si tu negocio estuviera todo el tiempo al borde de la bancarrota y busca maneras de mantener tus costos bajos, al mínimo.

Por último, aprende de cada error que cometas y cada experiencia que vivas. Pronto descubrirás que todos los negocios son un ejercicio de prueba y error. Cuando echas a andar uno nuevo siempre cometes una gran cantidad de errores, es de esperarse. Sin embargo, después de cada experiencia haz una pausa y pregúntate: "¿Qué aprendimos de esto? ¿Qué es lo que debemos retener para ser mejores y más inteligentes la próxima vez?".

Cuando hables sobre las lecciones de la experiencia, toda la gente de tu empresa adoptará una actitud positiva, los "interruptores mentales" se iluminarán al máximo y todos serán más creativos.

Como lo sugerí en un capítulo previo, usa las dos preguntas mágicas: *¿Qué hice bien?* y *Si tuviera que volver a hacer esto de nuevo, ¿qué haría distinto?*

PEDIR PRESTADO AL BANCO

Todos hablan de pedir dinero prestado a un banco, pero lo primero que debes saber es que los bancos sobreviven y prosperan gracias a que solo hacen préstamos generosos a los clientes que les pagarán pronto.

Por favor entiende algo: cuando hablas con un banquero, él o ella no te ve como una persona, sino como una fuente de ingresos para su institución. El banco te presta el dinero a una tasa más elevada de la que te da a ti. El éxito o fracaso de la persona al otro lado del mostrador depende de si realiza buenos préstamos. Es decir, si el banquero presta dinero y obtiene buenos resultados, lo ascienden. Si hace un préstamo y el cliente no paga, al banquero lo despiden y lo vetan en la industria bancaria.

Cada vez que un banquero te mira, lo hace con mucha cautela. Como podrás imaginar, no son gente a la que le agrade arriesgar mucho. De hecho, los bancos son negocios que tratan de permanecer en la zona cero-riesgo.

Un banquero me confesó que cuando ellos evalúan si deberían prestar dinero o no, se fijan en las cinco *C* o aspectos esenciales del crédito:

1. **Calificación de crédito.** Los banqueros pueden encender su computadora, ingresar tu nombre, obtener en dos segundos tu calificación de crédito de tres empresas calificadoras e imprimirlo. Tu calificación les dice cuánto pueden prestarte con base en las regulaciones bancarias, pero también les indica cuánto deberían cobrarte por otorgarte el crédito. A veces el costo puede ser muy elevado, por eso tu calificación de crédito es una cifra personal. Debes ser muy insistente en este aspecto porque la calificación es el primer paso para cada centavo que pidas prestado a lo largo de toda tu vida.

2. **Colateral o garantía: los otros activos.** Una vez fui a un banco para pedir dinero prestado para mi empresa y tuve esta conversación con el banquero:

—¿Qué más tiene? —me preguntó.

—¿Qué quiere decir? ¿Cómo que "qué más tengo"? —pregunté—. Tengo mi empresa, eso es todo.

—No, nosotros no consideramos que su empresa sea un activo, porque si no tiene éxito no tendrá valor. Queremos saber si tiene una casa, un automóvil, inversiones en bienes raíces, etcétera.

Como podrás ver, antes de prestarme un centavo, querían una lista con todos los activos que poseía. Por esto, tuve que ponerme a buscar cuántos eran y escribir cada uno con claridad.

Los bancos quieren que presentes bienes colaterales cuyo valor exceda por mucho lo que estás pidiendo que te presten para tu negocio. De hecho, este banquero me dijo que cuando alguien va al banco por primera vez, le piden cinco dólares de garantía por cada dólar que le presten, solo en caso de que algo salga mal.

3. ***Cash flow* o flujo de efectivo.** Los banqueros quieren estar enterados de todo el dinero que entre a tu empresa y de todas las otras fuentes de flujo de efectivo de las que podrías valerte para pagar tu deuda. No solo les preocupa tu empresa, también quieren saber cuánto gana tu esposa y cuánto podrías obtener por una póliza de seguros o una inversión o bono. Quieren que pongas sobre la mesa hasta el último centavo.

4. **Compromiso.** ¿Cuánto de tu propio dinero has invertido en tu negocio? ¿Cuánto del dinero que *de verdad te duele* está involucrado?

   Si no has invertido dinero de tu propia bolsa, el banco se mostrará reticente a prestarte de la suya.

5. **Carácter.** Este es el último aspecto en el que se fijan los banqueros. Con "carácter" me refiero a tu forma de ser y la reputación que esta te ha forjado. ¿Tu reputación es buena? ¿La gente de tu comunidad te reconoce como una persona que paga sus deudas? A menudo, tu carácter llega a ser más importante que cualquier otro aspecto, es decir, si la gente sabe que siempre pagas tus deudas, pase lo que pase, estará mucho más dispuesta a prestarte dinero.

UNA BUENA QUÍMICA

De ser necesario, visita varios bancos hasta encontrar un banquero que esté dispuesto a trabajar de tu lado. Es como cuando uno decide casarse: tiene que asegurarse de que la química sea buena. Cuando decidas trabajar con un banco, asegúrate de llevarte bien con el banquero, tal vez necesites tener varias "citas" antes de encontrar al ejecutivo correcto.

Una vez que lo hayas elegido, mantenlo informado de cualquier cambio. Si en algún momento no serás capaz pagar tus deudas, házselo saber. Invierte mucho tiempo y esfuerzo en fortalecer la relación, y luego asegúrate de mantenerla sólida.

Te diré un secreto: los banqueros odian las sorpresas. Odian enterarse de que no puedes realizar tus pagos mensuales de los intereses o del capital o *principal*. Necesitan que les avises con mucha anticipación.

Hace algunos años tuve fuertes problemas financieros y gracias a eso descubrí que un préstamo bancario permanece al corriente siempre y cuando se paguen los intereses. Yo me había comprometido a pagar el capital y los intereses cada mes, así que fui a ver a mi banquero y tuve una breve conversación:

—Mire, en este momento estoy corto de fondos —confesé—, pero continuaré pagando los intereses.

—Está bien, comprendemos que eso sucede —me dijo.

Los bancos entienden que las empresas llegan a enfrentar dificultades. Yo siempre mantengo al día el pago de los intereses y mi calificación de crédito está por encima de 800 puntos, así que, si algún día tienes un contratiempo y no puedes pagar el capital, ofrece al menos pagar los intereses.

CÓMO PROTEGER TUS ACTIVOS

Debes saber que, como regla de oro, si tienes dinero, tarde o temprano te demandarán. Hay miles de abogados que se ganan la vida acechando gente. Buscan a cualquiera que tenga dinero y sea susceptible de ser demandado por cualquier razón. Si alguien te demanda, incluso por algo en verdad ridículo, tendrás que defenderte porque no puedes solo decir: "Voy a ignorar el asunto". Imposible. Si te demandan estarás forzado a conseguir un abogado y a pelear en un juzgado.

El mejor consejo que me han dado los expertos en cuanto a la protección de activos es que debes formar una sociedad familiar limitada o FLP, por sus siglas en inglés (Family Limited Partnership). Esta sociedad se utiliza como un escudo que rodea tus activos y los protege. De cierta forma, es como si tiraras todos tus bienes por la ventana para poder protegerlos desde el interior. Al transferir a la FLP tus activos, es decir, tu casa, tu automóvil, tus negocios y todo lo demás, los dueños serán tú y todos los miembros de tu familia. También debes asegurarte de que el dinero de tu póliza de seguro de vida sea depositado en un fideicomiso independiente para que nadie pueda tocarlo. Redacta un testamento en el que quede muy claro cómo será asignado tu patrimonio y actualízalo cada año. En lo que se refiere a tu testamento, no dejes nada al azar.

Para proteger tus activos, asegúralos de sobra. Incluye seguros en caso de incendio, robo, responsabilidad de terceros, inundación y, sobre todo, ten un seguro de gastos médicos. Asegura todo lo que no puedas reponer de inmediato con un cheque. Mucha gente llega a perder todo porque las coberturas de sus seguros son insuficientes.

Por último, contrata a un buen abogado para que redacte tus contratos, fideicomisos, testamentos y acuerdos de negocios. Hace algunos años me metí en un fuerte problema legal que condujo a una demanda que duró dos o tres años y me costó cientos de miles de dólares. Fui a ver a un abogado y le enseñé el contrato por el que me estaban demandando.

—Brian, ¿quién redactó este contrato?

—Yo mismo —le dije.

—La próxima vez, por favor no seas mezquino. Invierte algunos cientos o, incluso, miles de dólares para que un abogado lo haga. Los abogados saben todos los secretos, entienden las cláusulas diminutas que te pueden hacer caer en una trampa y ponerte en una situación vulnerable frente a una demanda. Por favor, no vuelvas a ponerte en peligro por ahorrarte unos dólares.

Y nunca volví a hacerlo. Dios mío, ¡qué diferencia! Tú también, págale a un abogado lo que sea necesario para protegerte.

Capítulo 10

La disciplina personal

En las etapas del plan fénix que hemos estudiado hasta ahora he aludido a la importancia de la disciplina personal, pero en este capítulo desarrollaré más este concepto.

Tu capacidad para formarte el hábito de la disciplina personal o *autodisciplina* contribuirá más a tu éxito que cualquier otro rasgo de tu carácter. Hace varios años conocí a una connotada autoridad del desarrollo personal: Kop Kopmeyer. Este experto descubrió mil principios del éxito y, para cuando lo conocí, había publicado cuatro libros. Cada uno contenía 250 de esos principios. Le pregunté cuál consideraba que era el más importante y de inmediato me dijo que la disciplina, que definió como la habilidad de obligarte a hacer lo que deberías en el momento que deberías, te agradara o no la idea.

Después de entrevistar a 500 de las personas más ricas de Estados Unidos, Napoleon Hill también llegó a la conclusión de que la disciplina era la clave para volverse rico. Al Tomsik, el famoso entrenador de ventas, dijo en una ocasión: "El éxito depende de toneladas de disciplina". Jim Rohn dijo: "La disciplina pesa kilos, pero el arrepentimiento pesa toneladas".

El doctor Edward Banfield, de la Universidad de Harvard, llegó a la conclusión de que la perspectiva a largo plazo era la clave del ascenso social y económico. En más de 50 años de investigación, Banfield descubrió que la gente que tenía un gran éxito era capaz de retrasar la gratificación a corto plazo para poder gozar de recompensas aún mayores a largo plazo. Cuando toman decisiones para algo que está sucediendo ahora, más bien piensan en lo que podría suceder en 10 o 20 años.

SACRIFICIO: LA PALABRA CLAVE

La palabra clave en este concepto es *sacrificio*. Por eso, ahorrar e invertir en el presente es esencial para tener éxito económico en el futuro. La disciplina personal implica ser capaz de controlarse a sí mismo, de dominarse, de comer el plato principal antes y el postre al final. Pero atención: esto no significa que no puedas tener experiencias agradables, sino que solo deberás tratar de vivirlas una vez que hayas realizado un trabajo arduo y necesario, y después de terminar todas tus tareas esenciales.

La recompensa por observar una disciplina personal llega de inmediato. Cada vez que te fuerces a hacer lo correcto, te guste o no, te agradarás más a ti y te respetarás más. Tu autoestima aumentará, la imagen que tengas de ti mejorará, y tu cerebro liberará endorfinas que te harán sentir feliz y orgulloso.

De hecho, cada vez que te obligues a cumplir y hacer lo correcto, recibirás recompensas.

Lo mejor de todo es que la disciplina es un hábito que también puedes aprender gracias a la práctica y la repetición. Como lo señalé anteriormente, para desarrollar un hábito de complejidad mediana es necesario realizar la acción 21 días de repetición sin fallar. A veces se puede uno formar un hábito más rápido, pero otras veces toma más tiempo, todo depende de ti, de cuán resuelto o resuelta seas.

Hace algunos años un hombre de negocios llamado Herbert Gray empezó a investigar y a buscar lo que llamó "denominador común del éxito". Entrevistó a gente exitosa durante 11 años y, al final, llegó a la conclusión de que era gente que se formaba el hábito de hacer lo que la gente mediocre no hacía. Resulta que a la gente que triunfa tampoco le agrada hacer esas cosas, pero se obliga a llevarlas a cabo porque se da cuenta de que ese es el precio que debe pagar si quiere tener éxito.

En una ocasión Rich DeVos, cofundador de Amway, dijo: "Hay muchas cosas en la vida que no me agrada hacer, como buscar nuevos clientes, o vender y pasar las noches y los fines de semana construyendo un negocio, no obstante, las hago porque solo así podré hacer después las cosas que en verdad disfruto".

Cada vez que ejercitas tu disciplina personal fortaleces todas tus otras cualidades positivas y, de la misma manera, si eres débil en la disciplina, la debilidad se extiende a todas las otras áreas de tu personalidad.

LAS NUEVE DISCIPLINAS

Hay nueve disciplinas que mejorarán todas las áreas de tu vida y que puedes desarrollar tú mismo.

La primera es la disciplina del *pensamiento claro*. Thomas Edison dijo que pensar era la disciplina más ardua de todas y que por eso muy poca gente la practicaba. También se ha dicho que hay tres tipos de personas: quienes piensan, que son la gran minoría; quienes creen pensar, y quienes preferirían morir antes de hacer el esfuerzo de usar su cerebro.

Tómate algún tiempo para reflexionar sobre los problemas cruciales y los dilemas en tu vida. Aparta periodos extensos para hacerlo: 30, 60 o 90 minutos. Peter Drucker solía decir: "Las decisiones tomadas por gente que actúa rápido suelen ser decisiones equivocadas". Las decisiones que tomas de manera irreflexiva respecto a tu familia, tu carrera, el dinero y cualquier otro aspecto fundamental, también suelen ser malas decisiones. Siéntate en silencio media hora o una hora completa y *piensa*. Aristóteles dijo: "La sabiduría, es decir, la habilidad de tomar buenas decisiones, es una combinación de experiencia y reflexión". Entre más tiempo tomes para pensar respecto a tus experiencias, más profundas serán las lecciones que obtengas de ellas.

Practica la soledad con regularidad. Permanece en silencio. Cada vez que practicas la soledad unos 30 minutos o más, activas tu supraconsciencia y desencadenas la intuición. Verás que la respuesta surge de la inmovilidad, como una vocecita de tu interior.

Para pensar mejor, toma una libreta y escribe todos los detalles sobre la dificultad que enfrentas. A veces basta con que escribas de manera minuciosa para encontrar la respuesta.

Otras de las actividades que te permiten pensar con más claridad son la caminata y el ejercicio en general, practícalos entre 30 y 60 minutos. Cuando haces ejercicio, con frecuencia tienes ideas o reflexiones que te ayudan a pensar con más claridad y a tomar mejores decisiones. También puedes hablar de tu situación con alguien más que te simpatice y en quien confíes, pero, sobre todo, que no esté involucrado emocionalmente con tu problema. Tener una perspectiva distinta puede cambiar por completo tu punto de vista.

Siempre pregúntate: ¿qué estoy dando por hecho? ¿Qué es lo que estás dando por sentado respecto a la situación? Alec Mackenzie, especialista en la gestión del tiempo, escribió en una ocasión: "Las conjeturas erradas son el origen de todos los fracasos".

¿Cuáles son tus conjeturas? ¿Qué situaciones asumes como verdaderas? ¿Qué pasaría si estuvieras equivocado? ¿Qué tal si estás actuando con base en información falsa? Siempre mantente abierto a la posibilidad de estar equivocado en el curso que has tomado. Abre tu mente a la idea de hacer algo distinto por completo, a la posibilidad de no conocer todos los hechos como creías o, al menos, de que no todos los hechos sean reales y correctos.

UNA META CADA DÍA

La segunda disciplina que te ayudará a triunfar consiste en *establecer una meta cada día*. Esta práctica ha transformado mi vida y la de miles de personas.

Ahora que sabes que el enfoque y la concentración son aspectos esenciales para el éxito, comienza por preguntarte: "¿Qué quiero hacer realmente con mi vida?". Pregúntatelo una y otra vez hasta tener una respuesta clara. Imagina que tienes 20 millones de dólares en efectivo, pero solo te quedan 10 años de vida. ¿Qué cambiarías de inmediato? Imagina que nada te limita. Imagina que tienes una varita mágica y eso te da acceso a todo el tiempo, dinero, educación, experiencia y contactos que necesitas para lograr cualquier meta. ¿Qué harías?

Te daré un ejercicio: compra una libreta y escribe todos los días en ella. Escribe 10 metas en la forma PPP: presente, positivo y personal. Empieza cada meta con la palabra *Yo* seguida de un verbo de acción. Podrías escribir, por ejemplo: "Yo gano X cantidad de dólares para tal fecha".

Todos los días, antes de iniciar la jornada, vuelve a escribir tus 10 metas principales en tiempo presente, como si ya las hubieras logrado y solo le estuvieras informando a alguien más.

Reescribe las metas en una hoja de papel nueva, sin mirar la anterior, es decir, reescríbelas de memoria. Observa cómo se desarrollan y cambian con el paso del tiempo y a medida que las vuelves a plasmar. Mucha gente me dice que esta disciplina de establecerse metas todos los días le ha cambiado la vida más rápido de lo que imaginó.

En una ocasión di una plática en Galveston, Texas, y el individuo que me presentó se puso de pie y dijo: "Tengo que contarles mi experiencia con Brian Tracy". Luego sacó un cuaderno y continuó. "Cuando lo conocí, me dijo que escribiera mis metas todos los días y yo empecé a hacerlo de inmediato. Eso cambió mi vida por completo", explicó, agitando el cuaderno en el aire. "Logré todas las metas que escribí. Nunca había hecho algo tan poderoso en mi vida. Háganlo, es una excelente disciplina".

GESTIÓN DIARIA DEL TIEMPO

La tercera disciplina consiste en realizar una *gestión diaria del tiempo*. Cada minuto que se invierte en planear, ahorra 10 en la ejecución. Entre más planees, más aprovecharás tu tiempo y más lograrás. Imagina esto: si pasaras entre 10 y 12 minutos diarios por la mañana planeando tu día, porque eso es todo lo que te tomaría, ahorrarías 120 que podrías usar para lograr tus metas, es decir, dos horas diarias. Esto representa un aumento de 25% en la productividad, y todo es producto de planear tu día desde temprano.

Empieza por hacer una lista de todo lo que harás. El mejor momento para escribir la lista es la noche anterior, porque de esa manera tu inconsciente puede trabajar en ella mientras duermes. Organiza la lista por prioridades antes de empezar a trabajar, revísala y analiza todo lo que tienes que hacer, define qué es lo más y lo menos importante.

Practica la regla 80-20, la cual dice que 80% de tus resultados proviene de 20% de tus actividades. ¿Cuáles son las actividades y las tareas más valiosas? Usa el método ABCDE para establecer prioridades, ya sabes que este método se basa en tomar en cuenta las consecuencias de hacer o dejar de hacer una tarea en particular.

Recapitulemos: una tarea *A* es algo que *debes* hacer sin falta, porque no completarla podría tener consecuencias serias. Una tarea *B* es algo que *deberías* hacer, no completarla solo implica consecuencias leves. Una tarea *C* es algo agradable de hacer, pero, en realidad, no importa si lo llevas a cabo o no. Una tarea *D* es algo que *delegas*, y ya sabes que debes delegar la mayor cantidad posible de tareas. Por último, una tarea *E* es algo que *eliminas*, así que elimina todo lo que puedas para liberar todo el tiempo posible.

Una vez que hayas escrito ABCD o E al lado de tus tareas, organiza la lista por A-1, A-2, A-3, y luego B-1, B-2, B-3, etcétera. En la mañana, temprano, empieza con la tarea A-1 y, a partir de ese momento, fórmate la disciplina de concentrarte de manera absoluta en ella hasta terminarla.

La disciplina de gestionar bien el tiempo se extiende a todas las otras formas de disciplina personal y tiene recompensas inmediatas porque te da mejores resultados, así como satisfacción a largo plazo en cuanto a la calidad de tu vida y tu trabajo.

VALOR

La cuarta es la disciplina del *valor*. Esta te obliga a hacer lo que deberías, a enfrentar tus temores en lugar de evitarlos o eludirlos. Como ya lo mencioné, el mayor obstáculo para el éxito es el miedo al fracaso que se expresa en ese sentimiento que te hace decir: *No puedo, no puedo.*

El valor es un hábito que se desarrolla practicándolo siempre que sea necesario. Emerson dijo: "Haz aquello que temes y tu miedo morirá sin duda". Hazte el hábito de confrontar tus miedos en lugar de eludirlos. Cada vez que encaras uno y te acercas a él, en especial si se trata de otra persona, grupo o situación, el miedo disminuye y tú te vuelves más valiente y osado. El actor Glenn Ford dijo en una ocasión: "Si no haces lo que temes, el miedo controlará tu vida". Repítete estas palabras: *Puedo hacerlo, puedo hacerlo.* Hazlo una y otra vez hasta reunir suficiente valentía y confianza en ti mismo. Esta frase anulará tus temores.

¿Cómo saber si estás desarrollando el hábito del valor o no? Todo empieza cuando identificas un temor en tu vida y te obligas a lidiar con él, a confrontarlo y a hacer lo que sea necesario, lo más pronto posible.

La recompensa de identificar y enfrentar un miedo puede ser enorme. Te da la valentía y la confianza necesarias para lidiar en la vida con otras situaciones que podrían causarte pavor. Recuerda que entre más practiques el valor, más desarrollarás el hábito de no tener miedo.

HÁBITOS DE SALUD DE ALTO NIVEL

La quinta disciplina te sirve para desarrollar *hábitos de salud de alto nivel.* Tu objetivo debería ser vivir 100 años con una salud impecable. Diseña e imagina tu cuerpo ideal. ¿Cómo luciría si fuera perfecto en todo sentido? Este será tu objetivo.

La clave para la salud y la buena condición física se puede resumir en cinco palabras: *come menos y ejercítate más.* Desarrolla la disciplina de hacer ejercicio todos los días, incluso si solo puedes hacer una caminata corta. Lo mejor es hacer ejercicio en la mañana, en cuanto te levantes y antes de que te dé tiempo de pensarlo. Salta de la cama y actívate. Si lo haces durante 21 días, se volverá parte de tu rutina diaria por el resto de tu vida.

Lo que yo hago es dejar mi ropa de ejercicio junto a mi cama, así, cuando me levanto, prácticamente caigo sobre ella.

Me visto y empiezo a moverme antes de tener tiempo de pensarlo. Inténtalo.

Otra clave para desarrollar hábitos de salud de alto nivel consiste en eliminar tres venenos blancos: harina, azúcar y sal. Hace poco me reencontré con un hombre al que conozco desde hace muchos años. Había bajado 15 kilos y la ropa le colgaba como si fuera una casa de campaña mal instalada.

—¡Dios! ¿Cómo logró perder todo ese peso? —le pregunté.

—Dejé de comer los tres venenos blancos de los que usted lleva años hablando.

Hace no mucho recibí una carta de un hombre de Florida que se había vuelto muy exitoso gracias a su negocio. Estaba muy contento, salvo por un aspecto: estaba a punto de cumplir 30 años y tenía 13 kilos de sobrepeso. Esto dañaba la imagen que tenía de sí mismo y lo hacía poco atractivo entre las mujeres, en verdad le molestaba. Luego escuchó uno de mis programas de audio en el que advierto sobre los tres venenos blancos. Me dijo que le pareció una medida lógica, así que dejó de ingerirlos, y en los seis meses subsecuentes bajó los 13 kilos y nunca volvió a subir de peso. El concepto que tenía de sí mismo cambió por completo y su imagen mejoró. De pronto se sintió más atractivo para las otras personas. Me dijo que el solo hecho de eliminar los tres venenos había cambiado su vida para siempre.

Si eliminas los tres venenos podrás bajar de peso de forma dramática. ¿Cómo hacerlo? Deja de comer cualquier producto que contenga harina: pan, pastelitos, pasta. Elimina todo lo que contenga azúcar: sodas, postres, pastelitos y bebidas gasificadas con sabor. Por último, elimina la sal. No le pongas sal a nada. Casi todo lo que comes ya contiene demasiada.

¿Se requiere de disciplina? Por supuesto. ¿Cómo lograrlo? Come más ensaladas y otros alimentos ligeros. Si quieres, puedes retacarte de ensaladas, no subirás de peso porque las ensaladas son 90% agua y te llenan el estómago al tope. Solo fórmate el hábito y empieza a comer más ensaladas y alimentos ligeros. En lugar de un pesado filete, come pescado: es más ligero, se digiere más rápido y te aporta una tremenda cantidad de proteína y nutrientes.

Come antes de las 6 p.m. y solo sírvete medias porciones. Mi esposa y yo iniciamos un ritual que se llama "Ensaladas a las seis". En lugar de cenar más tarde, comemos una ensalada a las seis en punto. De todas formas, en la noche ya no necesitas tanto alimento. Es importante que comas por lo menos tres horas antes de acostarte a dormir. Solo come una ensalada a las 6 p.m., si logras desarrollar este hábito te asombrará lo ligero que te sentirás, lo mejor que dormirás, la cantidad de peso que perderás y todos los demás beneficios que conlleva esta práctica.

Otra manera de vivir hasta los 100 años es realizando revisiones médicas y dentales con regularidad. Un día tuve una conversación breve con mi buen amigo Harvey Mackay.

—¿Te has hecho una revisión médica recientemente? —me preguntó.

—No, fui hace algunos años, pero ahora estoy en excelente condición física.

—Brian —continuó—. Acabo de ir a una revisión y descubrí algo de lo que el médico se pudo encargar de inmediato. Si hubiera esperado cinco años antes de regresar a mi revisión, habrían tenido que empezar a organizar mi funeral.

Las revisiones médicas regulares pueden añadir entre ocho y 10 años a tu vida, porque hoy en día los médicos son capaces de descubrir enfermedades incluso años antes de que se manifiesten, y eliminarlas pronto. Desde que mi amigo me dio ese consejo, me he realizado revisiones médicas integrales cada año, y creo que tú deberías hacer lo mismo.

¿Visitas al dentista de manera regular para que te revise? Debo decirte que existe una correlación entre la salud de los dientes, las encías y la longevidad, así que cuida muy bien tu boca en general.

En todo lo referente a la salud, usa el método de Michael Jordan: *Solo hazlo* (me refiero al conocido lema: *Just Do It*). En lugar de procrastinar, solo atiende el asunto. Recuerda que eres la persona más valiosa del mundo y debes cuidarte muy bien.

AHORRO E INVERSIÓN

La sexta disciplina es la del *ahorro e inversión regulares*, dos temas de los que ya hablé. Decídete hoy mismo a salir de deudas, mantenerte así y alcanzar la independencia financiera. Toma la decisión y deja de anhelar, esperar y orar: solo hazlo. Tu objetivo, y el de toda la gente, debería ser alcanzar la independencia financiera lo antes posible en su vida. Esto exige una continua disciplina económica que deberás ejercer con cada dólar que ganes. Insisto, la clave consiste en ahorrar 10, 15 o incluso 20% de tus ingresos a lo largo de toda tu vida. Si ya estás endeudado, empieza por ahorrar 1% de lo que ganes, y fórmate la disciplina de vivir con el 99% restante hasta que se vuelva un hábito. Fórmate la disciplina de vivir con lo que sobre.

Para lograr esto, por cierto, debes empezar por ir al banco y abrir una nueva cuenta: la cuenta de tu libertad financiera. Todos los días, cuando llegues a casa, toma el cambio que te sobre y guárdalo en un frasco en tu armario o en la cocina. Digamos que ganas 3 mil dólares al mes. El 1% de esa cantidad es 30 dólares. Deposita todos los días un dólar en el frasco, y al final del mes guarda en la cuenta bancaria lo que hayas reunido. Cada vez que te sobre cambio deposítalo en la cuenta, cada vez que recibas un reembolso, un descuento o un cheque guarda el dinero en la cuenta. Solo continúa guardando ahí todo el dinero adicional que te llegue y deja que crezca. Notarás algo asombroso, empezará a crecer mucho más rápido de lo que imaginas. Pero todo comienza con ir al banco a abrir una cuenta y guardar en ella algo.

Es fundamental que cambies la manera en que piensas. Deja de decirte: *Me encanta gastar* y empieza a decir: *Me encanta ahorrar.* Cuando eras niño y te daban dinero, seguramente salías a la calle a comprar dulces. Aunque ahora eres adulto, sigues condicionado por ese comportamiento infantil y, por eso, cada vez que recibes dinero piensas en salir y comprarte los dulces del adulto: un viaje, ropa, un automóvil, una comida en un restaurante de lujo.

Si le preguntas a la gente: "¿Qué harías si tuvieras una montaña de dinero?", la mayoría contesta: "Iría a tal lugar y haría tal cosa. Gastaría en esto y aquello". La primera reacción es "Lo gastaría todo".

Cambia tu forma de pensar, pasa del *Me gusta gastar* al *Me encanta ahorrar. Me encanta guardar dinero en mi cuenta. Me fascina ver mi dinero multiplicarse y acumularse cada mes.* Dentro de poco cambiará tu mentalidad y empezarás a pensar como lo hace la gente exitosa y rica.

Difiere y deja las compras mayores para después, deja pasar 30 días o más. Como ya te expliqué, a veces, cuando pospones una compra que en verdad te gustaría concretar, pierdes el interés.

Investiga antes de invertir. Dos tercios del éxito en las inversiones dependen de no cometer errores. Para empezar, deberás estudiar el proyecto de inversión exactamente la misma cantidad de tiempo que te tomó ganar el dinero que deseas invertir. Toda la gente exitosa que he conocido en mi vida hace esta tarea, estudia todos los aspectos y representaciones del proyecto antes de invertir un solo centavo. Lo prolongan, hacen que sus contadores lo revisen y se aseguran de que toda la información sea correcta. Esto no garantiza que tendrán éxito, pero disminuye de manera dramática la posibilidad de cometer errores.

Otra estrategia consiste en pagar en efectivo todo lo que puedas, es decir, deshazte de tus tarjetas de crédito. Cuando pagas en efectivo, la cantidad que gastas es mucho más visible y dolorosa. En la actualidad, mucha gente joven se endeuda porque las tarjetas de crédito le llegan por correo y las ven como dinero gratuito, sin embargo, el verdadero efectivo no se nota sino hasta que llegan las facturas a casa.

Un amigo mío se metió en serios problemas financieros debido a las tarjetas. El primer mes no tuvo que pagar intereses, pero el segundo llegó el estado de cuenta con 31% de intereses más los recargos moratorios.

El otro día estaba escuchando a una experta financiera que explicó lo siguiente: "Si tienes una deuda de 2 mil dólares en tu tarjeta de crédito y haces el pago mínimo, los intereses continúan creciendo de 24 a 31%, así que te tomará nueve años terminar de pagar la deuda". Nueve años.

La gente no tiene idea de cuán peligrosas pueden ser las deudas de las tarjetas de crédito.

Recuerda lo que dijo W. Clement Stone: "Si no puedes ahorrar dinero, da por hecho que en ti no hay semillas de grandeza". Si, por el contrario, eres capaz de ahorrar, lograrás hazañas increíbles en tu vida financiera.

TRABAJO ARDUO

La séptima disciplina es la del *trabajo arduo*. Tu objetivo es forjarte la reputación de una persona que trabaja mucho. Thomas Jefferson dijo: "Entre más trabajes, más afortunado te volverás".

Se dice que en Estados Unidos la semana promedio de trabajo tiene 40 horas, pero en realidad tiene 32. ¿Por qué? Porque, en términos oficiales, la gente pasa ocho horas en la oficina, pero tiene una hora o más para comer y para los descansos para beber café. Asimismo, la persona promedio desperdicia 50% de la jornada platicando sobre trivialidades con sus compañeros de trabajo, disfrutando de pausas y almuerzos prolongados, atendiendo asuntos personales, leyendo el periódico y navegando en internet.

Te daré una regla para alcanzar el éxito: trabaja todo el tiempo que trabajes. Es decir, cuando vayas a la oficina a trabajar, trabaja. Piensa que es tu tiempo laboral, no es tiempo para jugar, no estás en la escuela, no es hora de socializar. Agacha la cabeza, fija la vista en tus documentos y ponte a trabajar, y trabaja todo el día. Si lo haces, duplicarás tu productividad, tu desempeño y tus resultados. Duplicarás tus ingresos y alcanzarás el éxito financiero.

Para extender tu jornada de trabajo, empieza una hora más temprano y ponte a trabajar de inmediato. Si haces esto evitarás la hora pico y, como no habrá nadie que te interrumpa, tendrás una hora completa para iniciar el día, para asumir el control de tus proyectos cruciales, hacer tus llamadas telefónicas y planificar. Luego, a la hora de la comida, continúa trabajando y no te detengas: no desperdicies tiempo.

La mayoría de la gente piensa que el trabajo es una extensión de la escuela, un lugar donde conversas con tus amigos, paseas por ahí, sales al recreo, bebes un café y luego socializas. No, de ninguna manera: el tiempo en el trabajo es eso, tiempo de trabajo, y entre mejor lo desempeñes, más control tendrás sobre toda tu vida.

También trabaja una hora más en la noche. Sé el último en salir de la oficina. Cuando todos se vayan, usa el tiempo para terminar tus labores y planear el día siguiente. Hubo una época en que trabajé para un enorme conglomerado. El presidente también se esforzaba muchísimo. A las 5:00 p.m. la gente desaparecía como si se hubiera escuchado una alerta de bomba. Yo seguía trabajando hasta las 5:30 o 6:00 p.m. Un día caminé hasta el fondo del corredor y descubrí que él era el único que no paraba: el director ejecutivo de un conglomerado de 800 millones de dólares. Entré a la oficina y conversé un poco con él.

—¿Cómo va todo? —pregunté.

—Genial, gracias —contestó.

—¿Puedo ayudarle en algo?

—En realidad, sí. Tengo esta tarea y no me queda tiempo para hacerme cargo de ella. ¿Cree que podría hacerla por mí?

—Por supuesto —contesté, y me hice cargo de inmediato.

Al día siguiente volví a caminar hasta el fondo del corredor y el director seguía ahí. Me senté y volvimos a conversar. Todo el año siguiente, al final del día, lo visitaba y pasaba entre media y una hora con él. Todos los días me daba nuevas responsabilidades y, antes de siquiera darme cuenta, ya estaba yo al mando de tres divisiones y me hacía cargo de 65 empleados, además, me pagaban cinco veces más lo que empecé ganando el año anterior. Mi vida cambió por completo en cuanto empecé a ayudar al gran jefe. Verás, es muy importante que seas el último en irte, te darás cuenta de que los peces gordos siguen ahí, trabajando horas extras como tú.

Solo añade tres horas de trabajo a tu jornada: empieza una hora más temprano, trabaja una hora durante la comida y, luego, trabaja una hora más al final de la jornada. Esto se traducirá en entre seis y ocho horas de labores adicionales y te convertirá en la persona más productiva de la empresa. No dejes de preguntarte: ¿cuál es la manera más valiosa de utilizar mi tiempo en este momento? Y sea cual sea la respuesta, trabaja en esa tarea todas las horas del día. Naturalmente, a medida que cambien tus prioridades, también cambiará la respuesta. Trabaja en lo que represente el uso más valioso de tus horas.

¿Cuál es la actividad que más hace perder tiempo en una oficina? La convivencia con otras personas. Los otros quieren hablar, no hacen gran cosa en su vida, así que siempre buscan conversar contigo. Si alguien llega y te interrumpe, tendrás que decirle: "Gracias por venir, pero tengo que continuar trabajando". Que te conozcan como la persona de la empresa que siempre tiene que seguir trabajando. Así, la gente dejará de molestarte y de quitarte el tiempo.

APRENDIZAJE CONTINUO

La octava disciplina es la del *aprendizaje continuo*. Recuerda que para ganar más tienes que aprender más. Jim Rohn dijo la famosa frase: "Trabaja en ti mismo tanto como trabajas para tu jefe". El desarrollo personal es fundamental, así que lee textos sobre tu ramo entre 30 y 60 minutos diarios. Esto se traducirá en un libro a la semana y en 50 libros al año. Escucha programas de audio en tu automóvil cuando vayas de un lugar a otro, esto añadirá entre 500 y mil horas al año.

Asiste a seminarios y toma cursos de expertos en tu área. Una idea brillante que escuches en un curso podría ahorrarte años de trabajo intenso.

PERSISTENCIA = DISCIPLINA PERSONAL

La mayor prueba de la disciplina personal es la persistencia ante la adversidad: tú puedes forzarte a completar tus tareas, sin importar cómo te sientas.

El valor tiene dos partes, la primera es el valor mismo para empezar un proyecto, para echar a andar algo a pesar de no contar con garantía de que tendrás éxito. La segunda parte es el valor de soportar, de persistir cuando te sientas desanimado y cansado, y quieras darte por vencido. Tu persistencia representa lo mucho o poco que crees en ti y en tu capacidad de triunfar. Esto significa que entre más creas en las bondades y en la idoneidad de lo que haces, más persistirás. Entre más persistas, más tenderás a creer en ti mismo y en lo que haces.

Todos estos principios son reversibles, es decir, la persistencia es, en realidad, la disciplina personal en acción. Cuando persistes, a pesar de que te gustaría darte por vencido o renunciar a tu misión, haces gala de tu disciplina personal. La disciplina conduce a una buena autoestima, a una noción de poder personal que, a su vez, te permite insistir más y ser más disciplinado. Es un círculo virtuoso ascendente que se transforma en espiral.

Napoleon Hill decía: "Para el carácter de un hombre o una mujer, la persistencia equivale a lo que el carbón es para el acero". Cada vez que persistes a pesar de que sientes deseos de renunciar, te vuelves una persona más fuerte y sólida porque asumes el control de tu propio carácter. Y con el tiempo te vuelves imparable.

LOS BENEFICIOS

Los beneficios de practicar la disciplina en todas las áreas de tu vida son numerosos. Te hablaré de algunos de ellos:

l El hábito de la disciplina prácticamente te garantiza el éxito en la vida, tanto en el aspecto personal como en el social.

2. La disciplina, más que cualquier otra habilidad, te ayudará a ser más productivo y rápido, y a dar resultados de mayor calidad.

3. Te pagarán más y te ascenderán más rápido a donde quiera que vayas.

4. Sentirás más control, confianza en tu capacidad de trabajo y poder personal.

5. La disciplina es la clave de la autoestima, del respeto por uno mismo y del orgullo.

6. Entre más sólida sea tu disciplina, mayor será tu confianza en ti mismo, y menor será tu temor al fracaso y el rechazo. Nada te detendrá.

7. Si desarrollas tu disciplina, tendrás la fuerza de carácter necesaria para persistir hasta triunfar a pesar de los obstáculos.

Empieza hoy mismo a practicar la disciplina en todas las áreas de tu vida. Persevera hasta que se vuelva una actitud tan natural como inhalar y exhalar. Cuando desarrolles la disciplina a su grado más elevado, tu éxito en el futuro quedará garantizado.

Capítulo 11

La respuesta a los desafíos

A veces da la impresión de que las dificultades son lo más presente en la vida. En cuanto una se resuelve, otra ocupa su lugar. Parece un proceso interminable, y viéndolo desde el punto de vista práctico, probablemente lo sea. No importa quién seas ni qué hagas: todos tenemos problemas, dificultades, percances inesperados y crisis que rompen el equilibrio y, a menudo, amenazan nuestra supervivencia. Por esta razón, tener la capacidad de resolver problemas es una de las habilidades más necesarias para triunfar.

Se ha calculado que todos los negocios atraviesan una crisis cada dos o tres meses, y si no se atienden rápido y con eficacia, podrían aniquilarlo. Con los seres humanos sucede algo similar, puede tratarse de una crisis personal, financiera, familiar o de salud, pero cada dos o tres meses nos sacude algo. Cuando la situación se pone delicada, solo los fuertes prevalecen. Solo cuando las cosas se ponen difíciles puedes demostrarte a ti mismo y a otros de qué estás hecho. El filósofo griego Epicteto dijo: "Las circunstancias no hacen al hombre, solo ayudan a que este se revele ante sí mismo y ante los otros".

Entre 1934 y 1961 el historiador Arnold Toynbee escribió *A Study of History*, una serie de 12 volúmenes en los que examinó el ascenso y la caída de 26 civilizaciones en el curso de 3 mil años. Buena parte de lo que descubrió en los ciclos de vida de esos imperios también es aplicable al ascenso y la caída de los negocios y las industrias, ya sean grandes o modestas. También es aplicable a los individuos.

Toynbee descubrió que todas las civilizaciones empezaron como una pequeña tribu o grupo de gente que de pronto tuvo que enfrentar un desafío del exterior. Por lo general, se trataba de un ataque de una tribu enemiga. Para lidiar con esta amenaza externa, el líder tenía que reorganizar todo de inmediato y responder de manera eficaz para sobrevivir. Si tomaba las decisiones correctas y actuaba de manera adecuada, la tribu se ponía a la altura del desafío, vencía al enemigo y, en ese proceso, crecía y se fortalecía. Al fortalecerse, la tribu se encontraba a otra tribu hostil más numerosa y desencadenaba una confrontación, lo cual generaba otro desafío. Siempre que el líder de la tribu continuara poniéndose a la altura para superar los inevitables percances y los confrontara, la tribu sobreviviría y seguiría creciendo. Toynbee también descubrió que las civilizaciones continuaban creciendo siempre y cuando enfrentaran los desafíos del exterior, y que, cuando ya no eran capaces de hacerlo, daban paso a su propia decadencia. El historiador le llamó a esto *Teoría desafío/respuesta de la civilización*.

Estos principios también son aplicables a tu vida personal. Desde el momento en que te inicias en los negocios tendrás que enfrentar dificultades, problemas, fracasos y desafíos de todo tipo. En cuanto resuelvas uno, surgirá otro que, a menudo, será mucho más complicado y considerable. Tu nivel personal de responsabilidad será lo que determine tu supervivencia, éxito, salud, felicidad y prosperidad. En pocas palabras, todo radicará en tu respuesta.

Toynbee también descubrió que los desafíos llegaban de forma inesperada, nadie podía anticiparlos ni prepararse para ellos, la única variante de la ecuación que podían controlar era la respuesta que tuvieran ante los contratiempos.

Insisto, la respuesta comprendía todo.

Lo diré de otra forma, lo que importa no es lo que te sucede, sino la manera en que lidias con el asunto. La única forma de conocer tu potencial absoluto y de llegar a ser todo de lo que eres capaz es enfrentando con eficacia los momentos de devastación. La única forma de lograr todas tus metas es respondiendo bien a las inevitables crisis de la vida cotidiana.

La buena noticia es que, en este momento, dentro de ti existe todo lo que necesitas para enfrentar cualquier problema o crisis que se presente. No hay ninguna contrariedad que no puedas resolver aplicando tu inteligencia y creatividad. Si eres suficientemente decidido y persistente, no habrá ningún obstáculo que no puedas superar o circunvalar.

MANTENTE EN CALMA

La primera regla para sobrevivir y prosperar en el momento de la verdad es mantenerse en calma. Cada vez que sufres un revés o contratiempo, lo primero que debes hacer es controlar tus pensamientos y tus sentimientos, y asegurarte de que tendrás tu mejor desempeño. Cuando las cosas salen mal, la tendencia natural es reaccionar de forma exagerada o tener una respuesta negativa. Puedes enfurecer, exasperarte o sentir temor. Los pensamientos estresantes y las emociones negativas comenzarán a cerrar secciones importantes de tu cerebro, entre ellas la neocorteza. Esta es la parte pensante de tu cerebro que usas para analizar, evaluar y resolver problemas, y también para tomar decisiones.

Cuando los planes salen mal, si no asumes el control mental y emocional de manera consciente e inmediata, recurrirás sin pensarlo a la reacción de lucha o huida. Reaccionarás de forma emocional porque no tendrás la capacidad de pensar con sosiego y claridad.

El primer paso para mantenerse en calma en medio de una crisis es negarse a reaccionar de forma automática e irreflexiva. Imagina que todas las situaciones son pruebas para ver de qué material estás hecho. Imagina que todos te observan y esperan ver cómo responderás. Puedes mantenerte tranquilo y decidir poner el ejemplo, ser un modelo para los otros y mostrar la manera correcta de lidiar con una dificultad de grandes dimensiones. Como si quisieras dar una lección. Recuerda que tu respuesta a las crisis lo es todo. Es la prueba final.

La principal fuente de emociones negativas son las expectativas no satisfechas. Es decir, tú esperabas que sucediera algo de una manera particular, pero sucedió algo distinto por completo. En ese momento se desencadenan las dos formas más importantes de emoción, nuestros dos viejos enemigos: el miedo al fracaso y el miedo al rechazo. Ambos pueden provocar ira, depresión e incluso parálisis.

Cuando tienes que lidiar con una posible pérdida de dinero, clientes, posición, reputación, o la vida y el bienestar de otra persona, puedes sentir miedo de fracasar. El miedo al rechazo, que se relaciona de manera íntima con el miedo a la crítica y a la desaprobación, surge cuando algo sale mal y te sientes incapaz o incompetente, o cuando crees que la gente tendrá una mala opinión de ti y de tu respuesta.

Lo que define en gran medida tus pensamientos, emociones y acciones es lo que llamo *estilo de explicación*, es decir, la manera en que interpretas las situaciones y te las explicas a ti mismo. Debes saber que 95% de tus emociones, sean positivas o negativas, son provocadas por la manera en que interpretas lo que sucede a tu alrededor. Aunque tu mente puede ver pasar miles de pensamientos consecutivos, solo consigue mantener uno a la vez, y tú siempre tienes la libertad de elegir cuál será.

Te daré un ejemplo: en lugar de usar la palabra *problema* o *crisis*, llámale *situación*. Un problema es algo negativo, y una situación es algo neutral. Puedes decir: "Estamos enfrentando una situación interna", y eso te mantendrá calmado a ti y a los demás.

O incluso mejor, usa la palabra *desafío*: "Este es un desafío interesante que no nos esperábamos". Y un término todavía más positivo para describir un revés o una dificultad sería *oportunidad*. "Esta es una oportunidad". Usar estas palabras permitirá que tu mente se muestre positiva y dispuesta a ser creativa, y también te ayudará a mantener el control absoluto.

Niégate a ser catastrófico y conserva la calma, muy pocas cosas resultan tan malas como parecen al principio. Interroga a las otras personas involucradas y escucha sus respuestas con paciencia. Hablar de un problema con tu cónyuge o un amigo o amiga en quien confíes podría ayudarte mucho a conservar la calma y el control.

Recuerda que todo problema que enfrentes contiene la semilla de un beneficio o ventaja de iguales proporciones o incluso mayor. Cuando te obligas a buscar el lado bueno de una situación y las enseñanzas favorables que podría conllevar, de inmediato te muestras tranquilo, positivo y optimista.

CONSERVA LA CONFIANZA EN TI MISMO

Otra clave para dominar las situaciones complicadas es conservar la confianza en ti mismo y tus habilidades. La reacción natural ante un revés inesperado es sentirse aturdido, conmocionado e iracundo, como si te acabaran de golpear en el plexo solar emocional. Aunque esto es normal, debes recordar que tienes la capacidad de ponerte a la altura de cualquier desafío.

Habla contigo de manera positiva. Para reconstruir la confianza en ti mismo necesitas decir frases como: *Me agrado a mí mismo, puedo enfrentarme a todo*, o *Puedo enfrentar cualquier dificultad que se presente*. Si quieres neutralizar los efectos negativos que desencadena el miedo al fracaso, piensa lo siguiente: *Puedo hacerlo, puedo hacer esto, puedo encargarme de esto*. Sé amable al hablar contigo. Dite que puedes hacer cualquier cosa que te propongas, que no hay ningún problema que no puedas resolver.

LA FÓRMULA PARA COMBATIR LA PREOCUPACIÓN

Existe una manera maravillosa de lidiar con cualquier crisis o dificultad, se llama *fórmula para combatir la preocupación*. Consiste en cuatro pasos y puedes usarla para cualquier escenario.

1. Define el problema con claridad, de preferencia por escrito. La mayoría de las dificultades se pueden resolver si primero se describen con cuidado. Recuerda que, en el ámbito de la medicina, dicen que un diagnóstico preciso equivale a la mitad de la cura.

   Cuando nosotros enfrentamos un desafío en mi empresa, por lo general me siento con el equipo y pregunto: "De acuerdo, ¿cuál es la situación? Díganme con exactitud". Escribimos todo en un rotafolio o pizarra blanca. De inmediato algunas personas empiezan a decir: "No, no es del todo eso. ¿Qué tal aquello otro?". Seguimos escribiendo hasta que la situación queda descrita con precisión, y una vez que tenemos esta descripción, en 50% de los casos aparece una solución obvia que ponemos en marcha de inmediato.

2. Pregúntate cuál sería el peor escenario posible en esta situación. ¿Qué es lo más terrible que podría suceder? Analiza todos los aspectos: podrías perder dinero, tiempo, clientes o tu negocio. Identifica lo peor que podría pasar, y hazlo con claridad y honestidad.

3. Acepta que podría suceder lo peor. Di: "De acuerdo, si sucede esto, que es lo peor, de todas formas, no moriré". Una vez que hayas aceptado ese posible escenario, tu mente recobrará la

calma y la lucidez. Entonces podrás empezar a pensar en el futuro porque el estrés habrá desaparecido.

Empieza de inmediato a trabajar para mejorar incluso la peor situación. Comienza por asegurarte de que lo peor no suceda. ¿Qué podrías hacer en este momento para resolver el problema? Sea cual sea la respuesta, concéntrate en reducir las peores consecuencias posibles: de esta manera recuperarás el control mental de lo que está sucediendo. El único antídoto real para la preocupación es una acción con objetivos claros encaminada a cumplir tus metas.

La autoestima y la confianza en ti mismo provienen de un sentimiento de avance hacia tus objetivos. Deberás trabajar tanto en la solución de tus problemas, que no te quede tiempo para preocuparte por lo que ya sucedió y, en especial, por lo que no puedes modificar. Luego sigue avanzando.

CUALIDADES DE LOS LÍDERES

La cualidad más común entre los líderes a lo largo de la historia ha sido la *visión*. Los líderes tienen una visión nítida y emocionante de a dónde quieren llegar y qué quieren lograr.

La segunda cualidad más común entre los líderes es la valentía. Pero, antes que nada, hay que decir que todos tenemos temores de distintos tipos, grandes y diminutos, ocultos y expuestos. Mark Twain dijo: "El valor es la resistencia y el dominio del miedo, no la ausencia de este".

El peor efecto del miedo al fracaso es la posible parálisis cuando la gente entra en un estado de conmoción. Emerson escribió: "Si deseas triunfar, deberás decidirte a confrontar tus miedos. Si haces aquello que temes, tu miedo morirá sin duda". Cada vez que enfrentas tus miedos y haces lo que más te aterra, desarrollas tu valentía.

En los negocios y en la vida personal, el miedo más prevalente es el de la confrontación, por eso tienes que reunir valor para enfrentarte a la gente difícil que aparezca en tu vida y resolver las situaciones. Por suerte, el valor se puede reunir si actúas con valentía: en cuanto hagas algo que te atemoriza, de inmediato te sentirás más osado y valeroso.

La valentía es producto de un tipo de comportamiento. Emerson también dijo: "Haz lo necesario y tendrás el poder". Hubo una vez un viejo que le dijo a su nieto: "Actúa con arrojo y una fuerza invisible vendrá en tu ayuda". Asimismo, la autora Dorothea Brande dijo en una ocasión que el consejo más importante que había recibido era: "Actúa como si fuera imposible fallar, y así será".

EL PRINCIPIO DE LA REALIDAD

El fallecido Jack Welch, presidente de General Electric entre 1981 y 2001, decía que el más importante de los principios de liderazgo era el de la realidad, es decir, enfrentar el mundo como en realidad es, en lugar de como te gustaría que fuera. Siempre que enfrentes una situación difícil, empieza por preguntarte cuál es la realidad.

Harold Geneen, el ejecutivo que hizo de ITT un conglomerado internacional de 560 mil millones de dólares, dijo que el elemento más importante para resolver problemas era conocer los hechos. Primero debes tener los hechos, la realidad, no los que la gente alega, los que se dan por hecho, ni los que la gente espera o imagina. Si algo sucede, en especial si se trata de algo que no se puede cambiar, pertenece a la categoría de los hechos.

Siempre que enfrentes momentos difíciles en tu vida o negocio, pide "tiempo fuera" y enfócate en obtener toda la información posible. Haz preguntas y escucha las respuestas con detenimiento. ¿Cuál es la situación con exactitud? ¿Qué sucedió? ¿Cómo sucedió? ¿Cuándo pasó? ¿Dónde? ¿Cuáles son los hechos? ¿Cómo nos cercioramos de que sean precisos? ¿Quién está involucrado? ¿Quién fue responsable por hacer o dejar de hacer algo? Nunca te preocupes ni te molestes por un hecho: es algo irreversible, no lo puedes modificar.

También resiste la tentación de enojarte o de culpar a otros por sus errores y fallas. Niégate a culpar a alguien más. En cuanto dejes de culpar a otras personas y asumas la responsabilidad para el futuro, tus emociones negativas cesarán y tu mente se apaciguará. Verás todo con lucidez y empezarás a tomar buenas decisiones. Mejor enfócate en comprender la situación y en definir las acciones específicas.

Dos de las mejores preguntas que puedes hacer en cualquier crisis son: ¿qué estamos tratando de hacer? y ¿cómo tratamos de hacerlo? Piensa lo siguiente: ¿qué estamos dando por sentado en esta situación? ¿Qué tal si llegamos a conclusiones equivocadas? Si estuviéramos equivocados en uno de las principales hechos que hemos dado por sentado, ¿qué pasaría? ¿Qué tendríamos que hacer de manera distinta? Nunca des por hecho que cuentas con toda la información ni que la información es correcta.

No confundas la correlación con la causalidad. La mayoría de la gente suele llegar a conclusiones con demasiada premura. En muchas ocasiones, cuando dos cosas suceden al mismo tiempo, la gente supone que un suceso causó el otro, sin embargo, lo más común es que no tengan nada que ver. Dar por hecho que hay un vínculo causal entre estos dos sucesos puede conducir a la confusión y puede hacer que la gente tome decisiones equivocadas. No permitas que esto te suceda a ti.

ASUME EL CONTROL DE TU MENTE

Cuando las cosas salen mal, tiendes a responder con negatividad, miedo e ira. Siempre que nos sentimos heridos o que la pérdida o la crítica nos amenazan, experimentamos la respuesta de lucha o huida para protegernos. Como el líder que eres, sin embargo, lo primero que debes hacer es controlar tu mente y tus emociones, y luego hacerte cargo de la situación. Siempre en este orden.

Los líderes se enfocan en el futuro, no en el pasado. Se concentran en lo que se puede hacer ahora para resolver un problema o mejorar la situación. Se enfocan en lo que está en sus manos, y en sus próximas decisiones y acciones. Tú debes hacer lo mismo.

Cuando una empresa se mete en dificultades serias, el consejo directivo a menudo despide al presidente y trae a un especialista en decisiones radicales para que se haga cargo de toda la organización. Este especialista centraliza en su oficina la toma de decisiones. Se hace cargo de todos los gastos e incluso firma cheque por cheque para saber con exactitud cuánto dinero sale de la empresa y para quién es. Luego, actúa de manera osada y a menudo implacable, y toma cualquier decisión necesaria, por dura que sea. Hace hasta lo imposible por salvar la empresa.

Para ser tu propio especialista en decisiones radicales debes asumir cien por ciento de la responsabilidad y de todo lo que suceda a partir de ese momento. Los líderes asumen la responsabilidad y se hacen cargo de la situación, en tanto que quienes no saben ser líderes solo evitan las responsabilidades y les pasan los problemas a otros. Tú debes mantenerte positivo y enfocado. Esto lo puedes hacer recordando la siguiente frase: *Yo soy el responsable, yo soy el responsable.* O, como dijo Harry Truman: "Asumo la responsabilidad. Yo soy quien está al mando". Repite esto: *Si va a suceder, dependerá de mí.*

LAS SEIS ETAPAS DEL DUELO

La psicóloga Elisabeth Kübler-Ross describió las etapas que atraviesa una persona cuando enfrenta la muerte, ya sea de un ser querido, o de ella misma cuando recibe un diagnóstico terminal. Son cinco: negación, enojo, culpa, depresión y aceptación. En el caso de las crisis en vida, podemos añadir una sexta etapa: resurgimiento o una nueva toma del control.

Con frecuencia, tu primera reacción ante un contratiempo importante será negarlo. Te sentirás conmocionado y pensarás que eso no puede estar sucediendo. Primero te cerrarás ante la situación y desearás que no sea verdad.

La segunda etapa será la del enojo. Empezarás a desquitarte con quienes te parece que son responsables del problema.

La tercera etapa para lidiar con la muerte o la decepción es la de la culpa. En los negocios, es muy común que comience una cacería de brujas para definir a quién se puede culpar y por qué. Este comportamiento satisface la necesidad profunda que tiene mucha gente de encontrar un chivo expiatorio siempre que algo sale mal.

La cuarta etapa es en la que te sientes deprimido. La realidad se vuelve clara: sucedió algo inevitable e irreparable, el daño está hecho y se perdió dinero. La depresión suele llegar acompañada de sentimientos de lástima por uno mismo, de pronto te crees la víctima. A menudo sientes que te decepcionaron, te engañaron o te traicionaron, y experimentas pena por ti mismo.

La quinta etapa es la de la aceptación. Aquí, por fin llegas al momento en que te das cuenta de que la crisis es real e irreversible, se rompió un plato o hay leche derramada. Aceptas la pérdida y empiezas a mirar hacia el futuro.

La etapa final para lidiar con un revés mayor es la del resurgimiento. Es cuando asumes el control completo de ti mismo en la situación y empiezas a pensar en lo que podrías hacer para solucionar el problema y seguir avanzando.

Todos pasamos por esas cinco etapas, es natural. La pregunta es: ¿qué tan rápido las atraviesas? Una de las características de los individuos sanos en el aspecto mental es su resiliencia para responder a los inevitables altibajos de la vida. Charlie Jones, el connotado orador, dijo: "Lo que importa no es cuánto caes, sino qué tan alto rebotas". Debes reconocer que todos cometemos errores, que las cosas salen mal todo el tiempo. Incluso las personas más competentes y avezadas hacen tonterías de vez en cuando, igual que tú.

Si alguien dejó caer la pelota, en lugar de enojarte o tratar de repartir castigos, trata a la persona con gentileza y compasión. Siempre trata de asumir que la gente tuvo buenas intenciones, y luego enfócate en resolver el problema y en actuar.

EL ABANDONO CREATIVO

De acuerdo con Managers Institute, la cualidad esencial para el éxito en los negocios en el siglo xxi es la flexibilidad. El desbordamiento de la tecnología y el conocimiento, combinado con el rápido crecimiento de factores como la competencia, los productos, los servicios, los procesos, los mercados y los clientes hacen que todo suceda a un paso vertiginoso.

Tal vez la herramienta más importante que puedes usar para mantenerte flexible y adaptable en estos tiempos turbulentos sea el *pensamiento suma cero*. Esta mentalidad consiste en detenerte, dar un paso atrás y analizar tu negocio con objetividad, como si fueras un observador externo. Luego debes preguntarte lo siguiente: sabiendo lo que ahora sé, ¿hay algo que esté haciendo que no volvería a hacer si comenzara de nuevo? Ten la disciplina necesaria para preguntarte y responder con honestidad y regularidad. Siempre que hagas este ejercicio, verás las cosas bajo una luz distinta. Sabiendo lo que ahora sabes, ¿hay algún producto o servicio que no volverías a ofrecer o llevar al mercado si tuvieras que empezar de nuevo? En caso de que la respuesta sea positiva, a continuación deberás preguntarte cómo podrías descontinuar el producto o servicio, y qué tan rápido.

Peter Drucker le llama a esto *proceso del abandono creativo*. Se llama así porque debes estar preparado para abandonar cualquier producto o servicio que esté robándole tiempo y recursos a la venta y distribución de otros más populares y rentables. ¿Hay alguna actividad o proceso de negocio que, sabiendo lo que ahora sabes, no volverías a ejercer? ¿Algún gasto, método o procedimiento en tu operación que no volverías a hacer o implementar? ¿Alguna persona a quien, sabiendo lo que ahora sabes, no volverías a contratar? ¿Hay alguien a quien no volverías a ascender, o una persona a la que no le asignarías una responsabilidad específica sabiendo lo que ahora sabes?

En el aspecto personal, ¿hay alguna relación en la que, sabiendo lo que ahora sabes, no volverías a involucrarte si empezaras de nuevo?

Otra manera de recortar las pérdidas consiste en imaginar que llegas una mañana al trabajo y descubres que tu negocio se incendió. Por suerte, el personal está vivo y a salvo, todos se encuentran en el estacionamiento contemplando el edificio consumirse en llamas. Por casualidad, al otro lado de la calle hay un edificio de oficinas al que podrías mudarte de inmediato para comenzar de nuevo.

Si esto te sucediera, ¿qué productos y servicios empezarías a producir de inmediato para poner a la venta? ¿A qué clientes contactarías en ese instante? ¿Qué actividades de negocios reiniciarías primero? Lo más importante: ¿cuáles procesos, operaciones y gastos no volverías a implementar o ejercer si empezaras de cero?

Si para salvar tu negocio tuvieras que hacer recortes de personal, descontinuar productos, eliminar algo o despedir a alguien, deberías hacerlo de inmediato, justo en el momento de la verdad. No lo postergues: recorta todos los gastos no esenciales y elimina las actividades superfluas. Vuelve a lo esencial, enfócate en el 20% de tus productos, servicios y gente que producen más resultados.

CUATRO PASOS PARA LIDIAR CON UNA CRISIS

Como ya lo mencioné, en el ambiente turbulento, vertiginoso y competitivo en el que vivimos, tendrás que enfrentar una crisis cada dos o tres meses. Puede ser una crisis económica, familiar, personal o de salud, y será un momento crucial en tu negocio o tu vida. Será un periodo de prueba, así que, todo lo que hagas o dejes de hacer será fundamental y tendrá consecuencias positivas o negativas.

Siempre que surja una crisis, deberás hacer cuatro cosas de inmediato.

1. Detén la hemorragia. Controla los daños, limita las pérdidas de todas las maneras posibles. En los negocios deberás preservar el efectivo a toda costa.

2. Reúne información. Averigua los hechos, habla con las personas involucradas e investiga a qué te enfrentas con exactitud.

3. Ten la disciplina de pensar exclusivamente en soluciones: ¿qué puedes hacer de inmediato para minimizar el daño y resolver los problemas?

4. Oriéntate hacia la acción. Piensa cuál será tu siguiente paso. A menudo, tomar una decisión es mejor que no hacer nada.

ANTICIPACIÓN DE LAS CRISIS

La *anticipación de crisis* es una estrategia esencial para el éxito en la vida y los negocios. Esta práctica se lleva a cabo mirando hacia el futuro, a 3, 6, 9 y 12 meses adelante, y preguntándose qué podría interrumpir lo que estás haciendo. ¿Cuál sería el peor escenario posible? Niégate a jugar con tu mente, niégate a desear, esperar o fingir que algunas cosas nunca te sucederían a ti. Desarrolla una mentalidad que te permita preguntarte: "Si esto pasara, ¿qué haría?". Incluso si las probabilidades de que ocurra un desastre son demasiado bajas, el pensador de nivel superior toma en cuenta las posibles consecuencias de cada contratiempo y hace lo necesario para estar preparado. Desarrolla planes de contingencia para las emergencias y crisis en potencia.

Si algo saliera en verdad muy mal, ¿qué pasos darías? ¿Qué harías primero? ¿Qué harías en segundo lugar? ¿Cómo reaccionarías? Asómate al camino y mira hacia el futuro. Imagina qué podría suceder y luego regresa al presente para planificar con suficiente anticipación.

Para asegurarte de que la crisis no se repita, organiza una reunión informativa. ¿Qué sucedió? ¿Cómo sucedió? ¿Qué aprendimos? ¿Qué podríamos hacer para asegurarnos de que no pase de nuevo? De acuerdo con la Universidad de Stanford, la cualidad más importante de los directores ejecutivos de más alto nivel de las empresas de la lista *Fortune 1000* es su capacidad de lidiar con una crisis.

La manera en que enfrentes las crisis revelará tu verdadero nivel de sabiduría y madurez. Asimismo, la capacidad para anticiparlas y aprender de ellas será esencial para lidiar con lo que pueda suceder en el futuro.

Empieza por identificar los tres peores escenarios que podrían presentarse en tu negocio o tu vida económica el próximo año. ¿Qué podrías hacer hoy para minimizar los daños? Identifica lo peor que podría suceder en tu vida y tu familia, y haz lo necesario para tratar de evitarlo. Sabiendo lo que ahora sabes, ¿hay algo en lo que no volverías a involucrarte o a lo que no te comprometerías?

Imagina si pudieras empezar de nuevo tu vida personal o volver a echar a andar tu negocio. ¿En qué te involucrarías? ¿En qué no participarías? ¿Qué iniciarías? ¿Qué dejarías atrás?

Asume la responsabilidad total del problema, ponte al mando, hazte cargo y atraviesa lo más pronto posible las cinco etapas del duelo. Niégate a culpar a alguien más, excepto para reconocer que es normal que la gente cometa errores. Enfócate en la solución en lugar de en quién hizo qué o en a quién se debería culpar.

Conviértete en tu propio especialista en soluciones radicales. Toma el problema que estés enfrentando; imagina que alguien te contrató para analizarlo a fondo y hazle a tu cliente recomendaciones para solucionarlo. Mantén la calma y sé objetivo, como si fueras un asesor externo. Averigua todos los hechos relevantes con el fin de definir la naturaleza de la situación porque, como ya dije, a menudo uno no sabe qué sucedió del todo. Con frecuencia, lo que parece una crisis o un problema mayor, en realidad no es tan grave, pero no puedes saberlo porque solo has escuchado la mitad de la historia. En cuanto te enteras de todo lo que sucedió, te das cuenta de que no es tan terrible. Tómate el tiempo necesario para averiguar a fondo antes de actuar.

Identifica a la persona, situación o acción que te provoca temor. Decídete a confrontarla de inmediato y olvídate del asunto. Hazte el hábito de enfrentar aquello que te causa temor, y tu miedo morirá sin duda.

Cualquier decisión que tomarías si tu supervivencia dependiera de ello, tómala ahora y no tardes más. Tu capacidad de lidiar de manera eficaz con las inevitables crisis de la vida cotidiana es lo que define tu carácter y personalidad.

El primer paso para enfrentar los problemas a la hora de la verdad consiste en visualizarte como una persona tranquila, objetiva y en control. Si te imaginas como alguien capaz de dominar cualquier situación, cuando algo se presente estarás preparado para desempeñarte de la mejor manera posible.

Recuerda que no hay ningún problema que no puedas resolver, ningún obstáculo insuperable ni meta que no puedas lograr si te enfocas en tu situación. Nunca te des por vencido.

Capítulo 12

Simplifica tu vida

Hoy en día, toda la gente tiene mucho qué hacer y muy poco tiempo para hacerlo. Estoy seguro de que tus deberes, tareas y responsabilidades te abruman. Por esta razón, deberías imponerte el desafío de simplificar tu vida para poder pasar más tiempo haciendo las cosas que más te interesan, y menos aquellas que sientes como una imposición. En este capítulo aprenderás varios métodos, técnicas y estrategias para reorganizar y volver a estructurar tu vida, simplificar tus actividades, ser más productivo, disfrutar de tu vida personal y pasar más tiempo con tu familia.

DEFINE TUS VALORES

El primer paso para simplificar tu vida consiste en definir con exactitud qué es lo que más te importa. ¿Cuáles son tus valores? ¿Cuáles son tus creencias fundamentales? ¿En qué crees más que nada? Recuerda que la pregunta más relevante que deberás hacerte a lo largo de toda tu vida es: ¿qué quiero hacer realmente con mi vida? La respuesta será, de forma irremediable, el reflejo de tu esencia, de la persona que eres en el fondo.

Para simplificar tu día a día, primero fíjate como meta principal gozar de tranquilidad mental, y luego organiza todo con base en este concepto. Todo lo que te proporcione paz, satisfacción, alegría y la sensación de que vales y eres importante, será bueno para ti. En cambio, todo aquello que te estrese, te distraiga te irrite o te haga infeliz, te dañará. Debes tener el valor necesario para organizar tu vida de tal suerte que tengas más tiempo para hacer lo que te brinda el mayor placer y satisfacción, y dejar aquello que te haga infeliz y te amargue.

PIENSA QUÉ ES LO QUE ANHELAS

En todas las investigaciones que he leído sobre por qué la gente es infeliz, he visto un punto en común: una carencia de objetivos claros y dirección. La gente tiene muchos anhelos, esperanza y deseos, pero no define metas ni se compromete y, por esta razón, solo da vueltas en la vida sintiéndose insatisfecha y vacía la mayor parte del tiempo.

Haz una lista de las 10 metas que te gustaría lograr y luego pregúntate, si pudieras cumplir una de ellas en las próximas 24 horas, ¿cuál tendría el mayor impacto en tu vida? La respuesta suele saltar de la página, en cuanto la veas, enciérrala en un círculo.

Ahora sí, estás listo para reorganizar tu vida y simplificar tus actividades. Tu objetivo primordial se convertirá en tu propósito definitivo y en tu punto de enfoque para el futuro próximo.

Haz otra lista de todo lo que se te ocurra que podrías hacer para lograr tu meta y comienza a trabajar de inmediato en la actividad más relevante y que cause mayor impacto.

Piensa en tu objetivo a lo largo de todo el día. Cuando te despiertes por la mañana y cuando te acuestes por la noche. Todos los días haz algo que te permita acercarte a la consecución de tu meta primordial. Este simple acto simplificará tu vida y optimizará tus actividades de una manera que no podrías imaginar.

EQUILIBRA TU VIDA

La clave para equilibrar tu vida consiste en asegurarte de que tus actividades en el exterior coincidan con tus valores en el interior. Cada vez que vuelves a tus valores y te aseguras de que todo lo que haces es congruente con ellos, sientes felicidad, gozo, paz y alivio. En cambio, cuando en tu vida exterior realizas actividades que entran en conflicto con tus valores, surgen el estrés, la infelicidad, la negatividad y la insatisfacción.

Realiza el ejercicio 20-10: imagina que tienes 20 millones de dólares en efectivo, pero solo te quedan 10 años de vida. ¿Qué cambiarías de inmediato en tu vida?

Una de las claves para simplificar tus actividades consiste en imaginar que no tienes límites, que puedes ser, tener y hacer cualquier cosa que desees. Imagina que tienes todo el tiempo y dinero que necesitas, que cuentas con las habilidades que requieres. Imagina que tienes todos los amigos y contactos que te hacían falta. Imagina que puedes cubrir cualquier necesidad que anheles. ¿Qué harías?

"ME EQUIVOQUÉ"

Como lo vimos en el capítulo anterior, el pensamiento suma cero te permite marcar una línea respecto a todas las decisiones que has tomado o compromisos que has hecho. Tomando eso en cuenta, pregúntate: *Sabiendo lo que ahora sé, ¿hay algo que esté haciendo que no volvería a hacer si comenzara de nuevo?*

Para simplificar tu vida debes estar dispuesto a admitir que no eres perfecto. Prepárate para decir las palabras mágicas: *Me equivoqué*. Entre más pronto lo admitas, más rápido podrás simplificar y mejorar tu vida. Debes estar dispuesto a decir: *Cometí un error*; recuerda que no tiene nada de malo, que todos aprendemos y crecemos gracias a las equivocaciones. Lo que es incorrecto es negarse a corregir un error porque tu ego está demasiado convencido de su infalibilidad. En una ocasión, el psicólogo Gerald Jampolsky preguntó: "Quiere usted tener la razón o ser feliz?". Es una decisión que deberás tomar desde ahora.

Por último, aprende a decir con frecuencia: *Cambié de opinión*. A mí me parece asombrosa la manera en que la gente se hunde en las profundidades del estrés, la cólera, la frustración y la insatisfacción solo porque no está dispuesta a admitir que cambió de parecer.

Esta actitud no es para ti, tú debes dar un paso atrás y contemplar el panorama de tu vida. ¿Hay algo que no volverías a hacer si empezaras de nuevo? Si lo hay, ten el valor de admitir que cometiste un error y deja de inquietarte: a toda la gente le pasa. Luego haz lo que sea necesario para cambiar.

REORGANIZA TUS ACTIVIDADES

Solo hay cuatro maneras de cambiar la calidad de tu vida. Puedes hacer más de algo; puedes hacer menos de algo; puedes empezar a hacer algo que no haces ahora, y puedes dejar de hacer algo más. Aplica una o más de estas medidas en todos los aspectos de tu existencia, y así podrás simplificarla.

Da un paso atrás y mira tu vida, en especial los aspectos que te causan estrés y frustración. ¿Cómo podrías reorganizar tus actividades para hacer mucho más de lo que te proporciona felicidad? ¿Qué podrías hacer para no invertir tanto tiempo en el resto?

Reorganiza todo para que puedas hacer más tareas similares al mismo tiempo. Empieza un poco más temprano por la mañana, trabaja con un poco más de ahínco, quédate hasta un poco más tarde y haz actividades similares de forma simultánea en lugar de dispersarte. Piensa de forma continua en cómo podrías organizarte para que tu día a día sea más sencillo, mejor.

También reestructura tu trabajo y no olvides implementar la regla 80-20 a todo lo que hagas. Recuerda que 80% del valor de todo lo que lleves a cabo estará contenido en 20% de las acciones que realices. Esto significa que 80% de lo que ahora haces no tiene valor o, si lo tiene, es muy poco. El secreto para reestructurar tu trabajo y tu vida radica en que pases más tiempo haciendo ese 20% de las cosas que más te aportan. Asimismo, pasa menos tiempo cada vez haciendo lo que no contribuye en nada a tu felicidad. A veces, aunque las hagas bien, deberás abandonar estas actividades por completo porque la peor manera de usar el tiempo es haciendo a la perfección lo que no debería llevarse a cabo en absoluto.

REDISEÑA TU VIDA PERSONAL

El proceso de rediseñar o reedificar se basa en un ejercicio que consiste en reducir los pasos de todo proceso. En las empresas animamos a la gente a hacer listas de todos los pasos de los procesos laborales, luego buscamos la manera de reducir la cantidad en por lo menos 30% la primera vez. Por lo general, es bastante sencillo.

Para rediseñar tu vida, reducir los pasos y simplificar tus actividades, deberás tomar en cuenta tres reglas:

1. Delega todo lo que puedas, deja que alguien más lo haga. Entre más actividades de bajo valor delegues, más tiempo liberarás y más tiempo tendrás para las cosas que solo tú puedes concretar y que en verdad marcan una diferencia.
2. Todo lo que otros negocios especializados puedan hacer para tu empresa, delégalo. La mayoría de las empresas se ven abrumadas por actividades que alguien más podría hacer con más eficacia y, por lo general, a un costo menor.
3. Elimina todas las actividades de bajo o nulo valor. Nancy Reagan solía decir: "Solo di 'no'" a cualquier actividad que no te permita usar tu tiempo de la manera más valiosa posible.

REINVÉNTATE CON REGULARIDAD

Imagina que tu empresa, tu empleo y tu carrera desaparecieran de la noche a la mañana y tuvieras que empezar de cero. ¿Qué harías distinto?

Imagina que de pronto tuvieras que combinar tu educación y la experiencia adquirida para forjarte una nueva carrera o trabajar en otro ramo o industria. ¿Qué adorarías hacer si tuvieras todas las habilidades y dinero necesarios? Pensando en esto, trata de reinventarte con regularidad, por lo menos cada año. Da unos pasos atrás y contempla tu vida personal y laboral, piensa: *Sabiendo lo que ahora sé, si no trabajara en esta área, ¿me dedicaría de nuevo a esto?* Si la respuesta es no, pregúntate a continuación: *¿Cómo me salgo y qué tan rápido podría hacerlo?*

ESTABLECE PRIORIDADES

Una de las mejores maneras de simplificar la vida es reorganizando las prioridades. Date cuenta de que 80% de lo que haces tiene un valor muy bajo o nulo. Al establecer prioridades te puedes enfocar más y más en involucrarte en las pocas actividades que en verdad marcan una diferencia en tu vida, en lo que te hace feliz.

Al momento de establecer las prioridades, la palabra que deberás utilizar es *consecuencias*. Si algo es importante, las posibles consecuencias de hacerlo o dejar de hacerlo son elevadas y, al contrario, si algo no vale la pena, no habrá problema si dejas de enfocarte en ello. Pregúntate a todas horas: "¿Qué es aquello que solo yo puedo hacer y que, si lo hago bien, marcará una verdadera diferencia?". No importa cuál sea la respuesta, dedícate a eso por encima de todo.

Establece límites. La única manera de simplificar tu vida y asumir el control de tu tiempo es dejando de hacer ciertas cosas.

Admítelo, ya estás demasiado ocupado, tienes un horario rebosante de actividades, créeme que solo aprender a ser más eficiente no te ayudará en gran cosa para simplificar tu vida. También deberás dejar de hacer la mayor cantidad posible de tareas inútiles.

Para empezar una nueva actividad debes abandonar alguna de las que realizas ahora; para involucrarte en algo nuevo, debes dejar lo rancio atrás: ya trabajas demasiado y no puedes abordar más de lo que ya haces. Practica el abandono creativo con las tareas y las actividades que ya no sean tan relevantes, haz menos y menos cosas, pero dedícate a tareas más valiosas.

PLANEA TU TIEMPO

Hay una antigua frase que me gustaría compartir contigo: "El planeamiento evita el bajo desempeño". Cada minuto que pases estructurando te ahorrará 12 minutos en la ejecución. Esto significa que si planeas cada paso, podrías ahorrar hasta 90% del tiempo que necesitas para llevar a cabo todas tus tareas de la jornada. Es como un milagro.

Planea el año completo, en especial las vacaciones con tu familia y amigos. Haz las reservaciones, paga los boletos y tacha esos días en tu calendario, de la misma manera que lo harías si se tratara de una cita con tu cliente más importante y poderoso.

Planea el mes completo: despliégalo frente a ti y define cómo pasarás el tiempo. Te asombrará descubrir cómo aumenta tu productividad y cuánto se simplifica tu día a día.

Planea cada semana con suficiente anticipación, de preferencia el fin de semana previo. Siéntate y define cada día usando la regla del 70%, la cual dice que no deberás comprometer más de 70% de tu tiempo. Date un respiro para tener tiempo en caso de que se presente una emergencia o retraso.

Planea cada día, de preferencia la noche anterior. Haz una lista de tus pendientes y organízalo por prioridades. Toma la tarea A-1 y prepárate para trabajar en ella a primera hora de la mañana.

DELEGA TODO LO QUE TE SEA POSIBLE

Cuando empiezas tu carrera tienes que hacer todo tú mismo. Si quieres crecer, evolucionar, llegar a ser muy eficiente y que te paguen muy bien, deberás delegar todo lo posible a alguien que pueda realizar las tareas. Usa la cifra de lo que cobras por hora para tomar esta decisión. ¿Cuánto ganas en una hora? Si te pagan 50 mil dólares al año, la tarifa por hora será de alrededor de 25 dólares. Delega todas las tareas que puedas a cualquier persona que pueda llevarlas a cabo por un costo menor. A veces incluso sentarse y no hacer nada, solo pensar y usar tus poderes creativos, es mejor que realizar tareas mal pagadas que te cansan y consumen tu tiempo.

Cuando delegues tareas a otras personas, asegúrate de que puedan realizarlas. Recuerda que no estás renunciando a ellas, y que deberás supervisar el proceso para asegurarte de que se acaben a tiempo, dentro del plazo acordado y de acuerdo con el presupuesto establecido. Inspecciona los resultados que esperas.

Enfócate en actividades de mayor valor. No dejes de organizar y reorganizar tu trabajo para pasar más tiempo en las actividades primordiales.

En la gestión de nuestras horas, la pregunta más importante, la que deberías hacerte sin cesar es: "¿Cuál es la manera más valiosa de usar mi tiempo en este momento?". Cualquiera que sea la respuesta, asegúrate de trabajar en ello minuto a minuto a lo largo de todo el día.

TRABAJA CON UN ENFOQUE ABSOLUTO

Para empezar, elige la tarea más importante de tu lista, la tarea A-1, y dedícate a ella en cuerpo y alma. Hazte la disciplina de concentrarte hasta terminarla. Los expertos en la gestión del tiempo han descubierto que si empiezas y abandonas una actividad varias veces, aumentas hasta en 500% la cantidad de tiempo necesaria para llevarla a cabo. ¡Esto significa que podrías terminar trabajando cinco veces más de lo necesario!

En cambio, si te enfocas en una actividad, puedes reducir el tiempo en 80%, lo cual te da un retorno sobre inversión de 400% en cuanto al tiempo y la energía necesarios. Lo mejor de todo es que todas esas horas que ahorres las tendrás disponibles para hacer otras actividades que te proporcionan gozo y satisfacción.

REDUCE EL PAPELEO

Ahora te hablaré de un método para reducir tu papeleo y la gestión de la correspondencia en la empresa. Le llamo método TRAC. La *T* se refiere a *tirar* y es aplicable a todo lo que puedas tirar o botar al cesto de basura, hablo de los periódicos y revistas que de todas formas nadie leerá. Esto te ayudará a ahorrar tiempo y simplificará en gran medida la organización. La letra *R* es de *referir*, son los documentos que deberás referir a otras personas para que se encarguen de ellos sin que te quiten tiempo a ti. La tercera letra, *A*, es de *actuar* y se refiere a todo aquello que exige que actúes de manera personal. Estos documentos deberás colocarlos en un archivo para trabajar en ellos. Organízalos por prioridad a lo largo del día.

La última letra, *C*, corresponde a *clasificar*. Son todos los documentos que deberán archivarse más tarde. Solo recuerda dos cosas: 80% de todo lo que archives no volverá a ver la luz del sol, solo ocupará espacio en tus estantes y armarios. En segundo lugar, cada vez que le pidas a alguien más que clasifique algo, le crearás trabajo adicional y le complicarás la vida, así que no lo hagas a menos de que sea esencial.

APAGA LOS APARATOS ELECTRÓNICOS

Hazte el hábito de apagar la radio cuando viajes, en especial si lo haces con tu familia y amigos. Cuando regreses a casa por la noche, apaga la televisión. Apagar estos aparatos crea un vacío sonoro que se puede llenar con la conversación, la interacción y las verdaderas alegrías de tu familia y tu vida personal. Consigue un sistema TiVo para grabar sin comerciales los programas que te interesen, así podrás verlos cuando quieras o cuando más te convenga.

Al despertarte por la mañana, resiste la tentación de encender el televisor. Mejor pasa cinco minutos leyendo material educativo, inspirador o de desarrollo personal. Date un tiempo para planear el día. Piensa en quién eres y lo que anhelas, en lugar de llenarte la cabeza con el ruido incesante de la televisión o la radio.

TUS RELACIONES DEBERÁN SER TU PRIORIDAD

La mayor parte del disfrute y la satisfacción que obtienes en la vida proviene de tus interacciones con otras personas. Haz que la gente en tu vida sea tu prioridad, y pon todo lo demás por debajo.

Imagina que solo te quedan seis meses de vida. ¿Qué harías? ¿Cómo usarías tu tiempo? Sea cual sea la respuesta, estoy seguro de que no implica conseguir más dinero ni volver a la oficina para responder tus llamadas.

¿Cómo cambiarías tu vida si tuvieras todo el dinero que deseas o necesitas? Estoy seguro de que pensarías en todo lo que podrías hacer con tus seres queridos. No esperes hasta alcanzar la libertad financiera o que te queden seis meses de vida para empezar a pasar tiempo con la gente que más amas. ¡Hazlo ahora!

CUIDA TU SALUD

Otra manera de simplificar tu vida es comiendo menos y mejor. Haz ejercicio, adelgaza, sométete a revisiones médicas y dentales con regularidad, come alimentos nutritivos y cuida muy bien de ti mismo.

Imagina que de pronto te vuelves muy rico y te das el gusto de comprar un caballo de carreras de un millón de dólares. ¿Cómo lo alimentarías? Te aseguro que no le darías comida rápida, bebidas gasificadas ni frituras. Lo alimentarías con el alimento más equilibrado y fino del mundo.

Ahora piensa que *tú* eres 100 o mil veces más valioso que un caballo de un millón de dólares, así que aliméntate de la misma forma que lo alimentarías a él y cuida muy bien de tu salud.

PRACTICA LA SOLEDAD TODOS LOS DÍAS

Todos los días toma entre media y una hora para sentarte en silencio contigo mismo. Escucha tu voz interior. La práctica de la soledad transformará tu vida, de pronto te llegarán ideas y reflexiones que modificarán tu forma de actuar. Cuando practicas la soledad con regularidad, desarrollas una sensación de calma, creatividad apacible y relajación, por lo que, cuando resurjas de esos periodos, te sentirás maravilloso.

La soledad es una de las más grandes alegrías del ser humano y no cuesta nada. Solo necesitas hacerte la disciplina de quedarte sentado en silencio entre media y una hora con cierta frecuencia. Inténtalo.

EL OBJETIVO DE LA VIDA

Si practicas estas ideas una y otra vez hasta que se vuelvan un comportamiento natural y automático, serás capaz de simplificar tu vida. Hazte el hábito de hacer menos, pero enfocándote en tareas de mayor valor. Simplifica tu vida y aumenta el gozo y la satisfacción que de ella emanan.

Tu objetivo debe ser tener una existencia prolongada, feliz, plena y satisfactoria, descubrir tu potencial y llegar a ser todo eso que encierras dentro de ti. Aristóteles, quizás el más lúcido filósofo de todos los tiempos, dijo que el objetivo último de la vida era la felicidad. Es el propósito esencial de toda la actividad humana. Entonces, ¿qué debemos hacer para vivir felices?

Para alcanzar un equilibrio, primero debes establecer que la felicidad sea el objetivo prioritario en tu vida. Luego deberás organizar todo lo que haces para lograrlo. Si logras todo lo que deseas, pero aun así no eres feliz, es porque no explotaste todo tu potencial al máximo.

Recuerda que 85% de tu felicidad es producto de tus relaciones con otras personas, en casa, en tu trabajo y en todas las áreas de tu vida. Para ser feliz, necesitas alcanzar un equilibrio entre lo profesional y lo personal.

CUATRO ÁREAS PRINCIPALES

En tu vida hay cuatro áreas que necesitan encontrar un equilibrio entre sí.

1. **Salud, energía y condición física.** Necesitas darte el tiempo necesario para tu salud y tu cuerpo, comer los alimentos adecuados, hacer ejercicio y descansar lo suficiente.

2. **Familia y relaciones.** Debes pasar suficiente tiempo con tus seres queridos y hacer las cosas que te proporcionan más gozo y satisfacción.

3. **Trabajo y carrera.** También necesitas dedicarte a un trabajo que disfrutes. Esto te dará una sensación de plenitud personal. Tu trabajo también deberá pagarte bien y ser algo que hagas con un altísimo nivel de calidad.

4. **Independencia financiera.** Controla tus finanzas, ahorra e invierte de manera regular, y siente que te vas acercando paso a paso a la libertad.

Asimismo, deberás aprender y crecer, contribuir con tu comunidad y desarrollarte en el aspecto espiritual. Si descuidas alguna de estas áreas, tu vida se descompensará de inmediato. El estrés se presenta cuando lo que haces en el exterior es incongruente con lo que en verdad te importa, con tu vida interior.

Una de las preguntas más importantes que puedes hacerte respecto a todos los aspectos de tu existencia, en especial cuando debas tomar decisiones, es: "¿Qué es lo que en verdad importa?". Recuerda la regla 80-20: 80% de tu felicidad y satisfacción proviene de 20% de las actividades que realizas.

Tampoco olvides que la habilidad más valiosa que posees es la de la reflexión y el pensamiento. Entre más claridad tenga tu pensamiento, mejores serán tus decisiones, y entre mejores sean tus decisiones, mejores resultados obtendrás en todos los aspectos.

¿Qué sí funciona en tu vida? ¿Qué aspectos te brindan más placer y satisfacción? ¿Qué personas y actividades te hacen más feliz? ¿Qué no funciona? ¿Qué te causa estrés, frustración o infelicidad? Entre más claridad tengas en las respuestas a las dos preguntas esenciales, *¿Qué sí funciona?* y *¿Qué no funciona?*, más rápido alcanzarás el equilibrio en tu vida. Los seres humanos somos creaturas de hábitos, solemos sentirnos cómodos con una rutina o en una zona de confort en la que hacemos ciertas actividades de forma recurrente a pesar de que no nos hacen felices ni nos funcionan.

De hecho, una de las mayores fuentes de estrés en la vida adulta es la negación. Esta se presenta cuando no queremos encarar la verdad de un aspecto trascendente en nuestra vida. Tal vez nuestro empleo no nos satisface, quizá estamos involucrados en una relación que ya no nos corresponde. O, quizá, tomamos una mala decisión. Todo acto de negación te desnivela, aumenta el estrés y te hace vulnerable a enfermedades psicosomáticas como resfriados o la influenza. Practica el principio de la realidad, es decir, insiste en ver el mundo como en verdad es en lugar de como te gustaría que fuera.

Tampoco te molestes por algo que no puedas cambiar, recuerda que no puedes cambiar a la gente ni los sucesos irreversibles. Lo contrario de la negación es la aceptación, y hasta que no aceptes que las personas y las situaciones son como son y no tienes injerencia en ellas, el estrés que te provoca negarlo no desaparecerá.

Los seres humanos son organismos capaces de elegir, es decir, podemos tomar decisiones. A lo largo de todo el día decides entre lo más y lo menos importante, y tus decisiones definen la estructura y la calidad de tu vida. La única manera en que puedes recuperar el equilibrio es tomando decisiones distintas.

La ley de la alternativa excluida dice que hacer una cosa implica *no* hacer otra, que cada actividad que realizas te obliga a rechazar todas las demás que podrías estar haciendo en ese momento. Por todo esto, antes de comprometer tu tiempo, debes pensar en lo que no harás si aceptas esa tarea o actividad.

EL PODER DE PASAR TIEMPO CON LA FAMILIA

Cuando estés con tu familia, hazlo en cuerpo y alma. Apaga los aparatos electrónicos, resiste la tentación de llegar a casa y encender de inmediato el televisor porque, en cuanto lo hagas, cortarás la comunicación y tu familia se concentrará en una pantalla. No permitas que esto les suceda.

Cuando estés con tu familia date tiempo para brindarle el cariño y apoyo que necesita. Como ya lo mencioné, los hombres y las mujeres son diferentes en muchos aspectos; los primeros necesitan reconocimiento por su labor, aprecio por su esfuerzo, una oportunidad de explicar lo que hicieron durante el día y tiempo para relajarse. Las segundas necesitan atención, respeto, afecto y escucha activa. Necesitan hablar y sentir que la persona más importante en su vida las escucha con respeto.

Los niños requieren una incondicional mirada positiva, es decir, debes aceptarlos, respetarlos, prestarles atención y, en especial, que sus padres les brinden tiempo sin reservas. ¿Sabes cómo deletrean los pequeños la palabra amor? Así: T-I-E-M-P-O.

La ley que se relaciona con el equilibrio pleno entre la vida personal y la profesional nos dice que lo que cuenta es la calidad del tiempo, ya sea en la oficina o en casa. En el trabajo deberás enfocarte en las tareas de mayor valor, en tus prioridades. Esto te permitirá tener bastante tiempo para ser productivo y recuperar el control de tus actividades. En casa deberás tratar de tener grandes trozos de tiempo, horas prolongadas de calidad para sentarte, hablar, caminar y pasar tiempo con tu familia.

Dicen que la vida la vivimos en años, pero en realidad la experimentamos en momentos. Uno nunca sabe cuándo vivirá algo maravilloso con un miembro de su familia, por eso debemos permitir que nuestras horas con ella sean amplias, generosas, propicias. Organiza tu vida personal para que puedas pasar mucho tiempo con tus seres queridos. Cada semana, tómate por lo menos un día entero para no trabajar y pasa tiempo con ellos o con quien más te importe.

Si eres casado, cada tres semanas tómate un fin de semana de viernes a domingo para escaparte y pasar tiempo con tu pareja. Cada año toma vacaciones de una o dos semanas y no hagas nada, esto te ayudará a recuperar el equilibrio con más rapidez que cualquier otra cosa.

DESCANSA LO SUFICIENTE

Para recuperar el equilibrio necesitas descansar mucho, dormir por lo menos siete u ocho horas por noche. Si no duermes este tiempo, desarrollas un déficit de sueño que hace que durante el día te sientas abrumado e incapaz de pensar con claridad. Como no descansas lo suficiente, te cuesta trabajo concentrarte en las actividades de alto valor que te permitirían tener éxito. El cansancio te obliga a enfocarte en tareas menores e irrelevantes que no aportan nada a tu vida profesional.

El simple hecho de acostarte una hora más temprano todas las noches te permitirá tener más tiempo de sueño y transformará tu vida por completo. Es decir, recuperarás la estabilidad.

Haz ejercicio entre 200 y 300 minutos por semana, incluso si solo sales a caminar un rato todos los días. Esto aumentará tu energía, mejorará tu condición física, apaciguará tu mente, te ayudará a dormir mejor y a recuperar la plenitud. O, mejor aún, sal a pasear con tu pareja o con uno de tus hijos, así todos se beneficiarán al realizar la misma actividad.

Cuando alcanzas el equilibrio en tu vida te sientes genial, eres mucho más productivo en la oficina y en casa, y vives con más gozo y satisfacción. Créeme que todos los aspectos de tu existencia te harán sentir exitoso.

A veces la gente me pregunta cuál es el secreto para tener una vida plena, y yo les respondo con otra pregunta: "¿Cuántas veces se balancea la gente que practica el funambulismo? Es decir, quienes caminan sobre delgados cables entre edificios". Todo el tiempo, y en la vida es igual. No es fácil encontrar el equilibrio y la plenitud, es algo en lo que se debe trabajar todos los días.

La buena noticia es que todo lo que haces con regularidad se transforma en un hábito, así que puedes formarte el hábito de vivir feliz, tener un desempeño excepcional y encontrar el equilibrio, basta con que practiques estas ideas hasta que formen parte de tu cotidianidad.

Capítulo 13

Transformación total

El viaje de la transformación ha sido largo, tal vez comenzaste siendo una persona sin dirección e insatisfecha, alguien que se sentía víctima y solía culpar a los demás de sus dificultades.

Lo primero que aprendiste fue que hacerse la víctima no tiene sentido ni es adecuado. Tu propia mente te da acceso a la fuerza más poderosa del universo. También aprendiste que el primer paso para dominar ese poder consiste en enfocar tu atención en lo que anhelas en lugar de en lo que no te interesa. Esta simple actitud te da ventaja sobre la mayoría de la gente.

Luego aprendiste a motivarte para alcanzar tu máximo desempeño gracias a herramientas como el optimismo y las infinitas posibilidades que el mundo te ofrece. ¿Qué pasaría si pudieras ganar 10 veces más de lo que ahora te pagan? Gracias al poder de la mente, el simple hecho de enfocarte en esta idea, aunque al principio no estés convencido, puede ayudarte a hacerla realidad.

La motivación personal tiene mucho que ver con el éxito, pero no basta. Como ya vimos, los humanos somos seres sociales, así que solo alcanzarás tus metas si aprendes a trabajar con otros y a obtener de ellos lo que necesitas… ayudándolos de paso a obtener lo que *ellos* quieren.

También hablamos de la importancia de establecer metas, el cual es, quizá, el factor más importante para darle enfoque a tu vida. Escribir tus objetivos y hacer listas sobre cómo los lograrás es esencial para alcanzar el éxito. Asimismo, exploramos las formas más eficaces de acercarnos a nuestras metas: a través de una gestión óptima del tiempo.

Luego aprendiste los principios de la creación de la riqueza. Aunque es importante trabajar en lo que amas, tu objetivo final es alcanzar tu independencia financiera para seguir teniendo un flujo suficiente de dinero, trabajes o no.

Por supuesto, hay muchos caminos para generar riqueza, pero, desde la perspectiva estadística, el más importante es el empresarial, o sea, iniciar tu propio negocio. La mayoría de la gente más rica del mundo amasó su fortuna a través de una empresa, proveyendo un producto o servicio único en su tipo o superior a todos los demás, por eso analizamos varios de los principios de la actividad empresarial.

Luego examinamos el hecho de que los problemas son inevitables en la vida. No importa cuán sano, adinerado o exitoso seas, tendrás que enfrentar dificultades o imprevistos con frecuencia. Por esta razón, deberás entender cómo enfrentarlos y resolverlos, eso te ayudará a tener una vida plena.

Por último, vimos que la meta más importante en la vida es la felicidad que, para la gran mayoría, tiene que ver de manera directa con las relaciones personales. Analizamos técnicas para simplificar tu día a día y para tener más tiempo y energía para lo que en verdad importa, es decir, para tus seres queridos. Si lees, asimilas y aplicas estos principios, podrás dejar atrás una vida insatisfactoria y empezar a tener una existencia desbordante de alegría y amor. En pocas palabras, puedes transformarte, dejar de ser un ave ordinaria y convertirte en un espléndido fénix.

Permíteme dar fin a este libro insistiendo en que vivimos en la mejor era de la historia de la humanidad porque la gente tiene ahora la posibilidad de vivir más tiempo y mejor que nunca. Fíjate el objetivo de aprovechar esta era dorada para transformarte en todo lo que tu potencial te permitirá, para disfrutar de todo lo que siempre soñaste, y para tener una vida larga y plena como el fénix. En verdad deseo que lo hagas. Buena suerte.